NHK『DJ日本史』

ざんねんな日本史偉人伝

はじめに

「ざんねんな人」はどこにでもいるものです。
もちろん、いつの時代にも。

金もなければコネもなく、身体は病弱で頭も悪い――
ここまでいくと、残念ながら「ざんねんな人」の範疇を超えてしまっています。

「ざんねんな人」とは、基本的には才能豊かで素晴らしい功績を残しつつも、

過去に「やっちまった」とか、
今でも酒が入ると「やっちまう」とか、
めちゃめちゃ女グセが悪いとか、
アメリカで1年間奴隷生活を送っていたとか、
とにかくイジメっ子気質だとか、
訳あり物件にしか住まないとか、
なんなら人を殺したことがあるんじゃねーか

といった、すねに傷のある人のこと。

その才能が豊かであればあるほど、その功績が素晴らしければ素晴らしいほど、
「ざんねん」が輝きを増すのは言うまでもないでしょう。
そう考えると、偉人にこそ
「ざんねんな人」はいると言ってよいでしょう。

本書では、偉人と呼ばれる日本人を、
ラジオ番組『DJ日本史』の協力のもと宝島社で追加取材を行い徹底調査。
出るわ出るわのスキャンダルに困惑したり動揺したりしながらも、
極めつきの44人を厳選して紹介しています。

偉人たちの知られざるダークサイドを広く知っていただくことで、
彼らの才能や功績もまた、強い輝きを放つと確信しています。
そして、偉人たちのお茶目な一面があったことを知っていただくことで、
彼らをより身近に感じていただき、
将来の偉人が
読者の皆さんの中から輩出されることを願ってやみません。

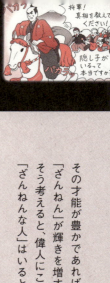

Contents

当り前なんか
ねーからな!!

ダマされる方が
悪いんじゃあ!

我慢の
マイレージで
天下取り!

「燃へえろよ
燃えろ〜よ〜」

いや〜
息子もマジ
使えね〜わ〜

色好みは
英傑の証じゃ

ざわ…

塩?
なんのことだ?

3本でも
折れるときは
折れる!

いじめアカン!

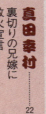

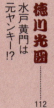

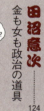

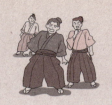

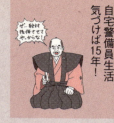

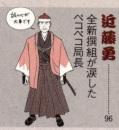

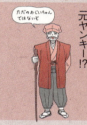

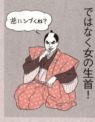

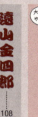

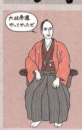

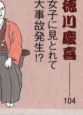

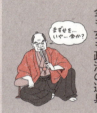

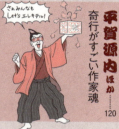

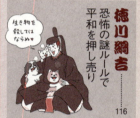

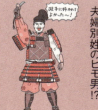

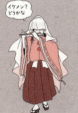

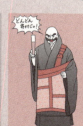

♪燃～えろよ 燃えろ～よ～♪
真田幸村
ダマされる方が 悪いんじゃあ!
豊臣秀吉
当り前なんか ねーからな!!
織田信長
我慢の マイレージで 天下取り!
徳川家康
いや～ 息子もマジ 使えね～わ～
黒田官兵衛
息子の鼻毛は 切らさんよ!
前田利家
ハイッ 次、つぎっ!
藤堂高虎
いじめアカン!
明智光秀

3本でも折れるときは折れる!
毛利元就
気合だーっ!!
福島正則
色好みは英傑の証じゃ
武田信玄

Chapter 1
戦国

塩?なんのことだ?
上杉謙信

う、うまそうなまんじゅうでござるな…
荒木村重
みんな…ちゃんとやろうよ
石田三成
昔のことは忘れたい…
伊達政宗

戦国武将

織田信長《おだのぶなが》

PROFILE

戦国時代から安土桃山時代にかけて活躍した戦国大名。桶狭間《おけはざま》の戦いにて今《いま》川《がわ》義元《よしもと》を討ち尾張一国を統一。京都本能寺で明智光秀《あけちみつひで》の謀反に遭い自刃。はじめて大規模に編成した鉄砲隊を実戦に用いた。また、キリスト教の保護も。

部下にあだ名をつけまくる 天性のいじめっ子

冷酷で血も涙もない人? 賢くて優しい人?

織田信長と言えば戦国時代随一の人気者にして有名人、現代でもファンが多い戦国武将だ。尾張と美濃《みの》、2国の天下を取って「天下布武《てんかふぶ》」、つまり天下

を武家が統一するということを成し遂げた実力のほか、はっきりと目標を掲げて一気に攻め込む行動力には目をみはるものがある。

楽市楽座《らくいちらくざ》を行って道路を整備し、関所を廃止して領国を人や物が集まる町に発展させたのも信長の功績だ。信長が行ったことが、当時の「当たり前」を打ち破って世の中を変えるイノベーティブな施策であったことは想像に難くない。

しかし信長と言えば、誰もが一番に思い浮かべるのが「鳴かぬなら殺してしまえホトトギス」という句から連想されるような、どうにも〝コワい人〟というイメージではないだろうか。比叡山延暦寺《ひえいざんえんりゃくじ》を焼き討ちするわ、攻め滅ぼした浅井長政《あざいながまさ》と朝倉義景《あさくらよしかげ》のしゃれこうべを眺めながら宴会するわ、誰に対しても容赦はしない。自分の留守中に遊びに行った女中たちを処刑し、命乞いしたお坊さんも処刑するなど、まさに血も涙もない冷酷なエピソードが残っているのだ。

一方で、物乞いが暮らしていけるように心づけを渡したり、客人に対して心を尽くしたおもてなしをしたりと、優しい気配りのできる人格者であったことも知られている。

とにかく部下には塩対応

また、部下の出世は能力次第、家柄や身分にもとらわれないという合理的な発想を貫いた。当時としてはこれまたイノベーティブなマネジメントだったわけだが、実際の行動についてはそうそう人格者とも言えない面もあったようだ。あだ名のセンスがひどすぎるのだ。羽柴秀吉《はしばひでよし》を「猿」呼ばわりしたことを知っている人は多いだろうが、前田利家《まえだとしいえ》を呼ぶときは「おい、犬！」。これでキジがいたら完全に昔話の「桃太郎」である。

味方になると申し出た荒木村重《あらきむらしげ》に対しては、まんじゅうを刀に刺して「これ食え」と言うなど、とにかく扱いがザツ。

さらに、柴田勝家《しばたかついえ》に送った手紙は常軌を逸している。「自分をいつも尊敬して、自分の影でさえ、おろそかに思うべきでない。自分がいる方角へ足を向けてもいけない」

こういったことを言わせるのがカリスマなのだが、自分で言ってしまうあたりがすごい。しかも書面でだ。書面と言えば、重臣だった佐久間信盛《さくまのぶもり》に宛てた「折檻状《せっかんじょう》」も、いじめっ子要素満載。さんざん難癖をつけたうえで追放処分。「親子ともども頭を丸めて高野山にでも行って赦しを乞うのが当然じゃね？」とまで書いているのである。

そんな男に、なぜ家臣は付き従ったのか？　その答えを探るヒントが「楽市楽座」である。

ガチな実行力＆時代の先を読む力で天下を治める

商人の組合だった「座《ざ》」に入らなくても、自由に商売ができる制度である「楽市楽座」は信長の専売特許のようなイメージがあるが、実は同じような経済政策を取っていた戦国大名は信長だけではない。六角義賢《ろっかくよしかた》や今川氏真《いまがわうじざね》は楽市楽座と同じような政策を取り入れていた。楽市楽座以外の経済政策で言えば、堺など海の交通の拠点を支配下におさめたのは父親の信秀《のぶひで》だった。それでも信長が第一人者であるかのように見られるのは、「良いものはどんどんマネし、徹底して実行する」という方針ゆえだったと言われている。

とはいえ、単なるモノマネではない賢さも見せている。たとえば堺の町を勢力下におさめたこと。これが戦国時代に勝ち続けた一因ではないかとも見られているのだ。

当時、戦国大名たちは戦に勝つため、手を尽くしてお金を手に入れようとした。毛利元就《もうりもとなり》は石見《いわみ》の銀山を支配下に置き、武田信玄《たけだしんげん》は自国に金山を持っていた。しかし、流通を握っていたのは織田信長だったのだ。

戦で重要な戦力となる鉄砲は、火薬の原料となる硝《しょう》石《せき》を海外との貿易で手に入れなければならない。それを考えると、南蛮貿易を行う堺を勢力下におさめていた織田信長はやはり強いのだ。こうした「先を読む力」こそがもっとあれば……、ハゲの明智光秀を「きんか頭」などと呼んで本能寺の変で死ぬことなどなかったのかもしれない。

戦国武将

豊《とよ》臣《とみ》秀《ひで》吉《よし》

被害者続出！　信じたらアウト！

人をダマしまくるペテン猿

PROFILE

安土桃山時代に木下藤吉郎《きのしたとうきちろう》と名乗り足軽として織田信長に仕えたのち、織田信長の跡を継ぎ天下統一をした武将。外国との貿易に力を入れ、倭寇《わこう》を取り締まるとともにインドや台湾などとの貿易拡大も試みた。

「そんな約束……しましたっけ？」

1585年に関白となり、四国から九州を次々と征伐して西国を平定した豊臣秀吉。戦国の世を終わらせて平和な世にするためには、やはり天下統一

以外に道はない。秀吉は惣無事令《そうぶじれい》という命令を発し、大名同士が領土をめぐって争ったり、自国の領土を広げたりすることを禁止した。そして自分が上であるとガッチリ示すため、後陽成《ごようぜい》天皇を聚楽第《じゅらくだい》に招いて諸大名に列席を打診した。

上洛しないことはすなわち反秀吉とみなされる。ここに列席しなかったのが何を隠そう、小田原の北条氏政《ほうじょううじまさ》・氏直《うじなお》父子である。

北条氏側は攻め込まれても持ちこたえられるように小田原城を改修し、兵も整えた。しかし秀吉側が武士たちで固められていたのに対し、北条氏側は武装農民が多い。難攻不落と呼ばれた小田原城もあえなく明け渡し、当主の氏直の命は助けられたものの、秀吉に反抗的だった一族の氏政・氏照《うじてる》は切腹することになった。

氏直は「自分は腹を切るので、ほかの者の命を助けてもらいたい」と言ったのが秀吉の恩情につながったとも言われている。しかも一説によれば、北条氏は伊豆と相模《さがみ》などの領国の一部を安堵《あんど》することを降伏の条件にしていたとも伝えられているのだ。それなのに領国安堵どころか切腹命令まで出され、氏政、氏照は「ダマされた!」と叫んだとか。これがもし事実だとしたら、とんだペテンである。

器が大きい？　いえいえ、手は打ってあります

人を試すような行為にも事欠かない。たとえば島津《しまづ》氏を攻めて九州を平定したとき、降伏した島津義久《よしひさ》は、丸腰になって秀吉の前で頭を下げた。すると秀吉は、義久に「お腰のあたり、少々さびしい

ようですな」と言って自分の刀と脇差を渡してしまう。このとき義久は斬りかかることもできたはずだが、秀吉の器の大きさに感服し、何もしなかった。また小田原攻めの際、命令をシカトして大遅刻した伊達政宗《だてまさむね》が現れた際、自分の刀を政宗に渡して陣立て（軍勢の配置や編成）を見せたという。このときは崖の上で2人きりだったというから、政宗がその気になればどうとでもなる。斬りかかるもよし、突き落とすもよし。それでも、政宗は秀吉を手にかけることはできなかった。島津義久と同じように感服し、服従したのである。

この2つは秀吉の懐の深さを語るときによく引き合いに出されるが、先のペテン行為を考えると、なんらかの細工はしていたとも考えられる。

たとえば刀を抜くと刀身がないとか、抜いた途端に鉄砲で撃つ準備をしていたとか、そういったことをしていてもおかしくないのが、秀吉という男である。

実は器がちっちゃい!?　謎の細かさエピソード

そういえば信長の死後、邪魔者である次男・信雄《のぶかつ》と三男の信孝《のぶたか》をペテンにかけたこともあった。まず次男の信雄をけしかけ、信孝に難癖をつけて討伐させる。信孝には降伏すれば命を助けると言って城を明け渡させながらも、結局は信孝を切腹に追い込んだ。信雄は信雄で、秀吉の策略により味方の家老3人を殺害し、力を失っていった。秀吉の「人たらし」イメージとは真逆の一面、おわかりいただけただろうか？

天下人のくせに意外と〝ちっちゃい〟男だったというエピソードも知られている。たとえば妻のおねが目の病気を治すために温泉に向かうとき、彼女にあてた手紙が実に細かい。

いわく、「いいか。温泉に出かけるからといって、下々の侍女まで浮かれてしまわないようにしなさい。用のない者は一人も連れて行ってはならない。お前が温泉に入るといえば、みんな付いて行きたいと言うだろう。しかし、一人でも遊び半分のうつけ者、必要のない者は連れて行ってはならない」ということだ。

家臣に対してももちろん口うるさい。天皇の住まいを建てるために部下に手紙を出し、材木を集めるように言いつけたときのこと。武将が渋ったところ、再三にわたり「送れる本数を書け！」「送るのが遅い！」と手紙を出したとのこと。

きっと周囲も「ちっちぇえ～……」と思っていたに違いない。

戦国武将

徳川家康《とくがわいえやす》

三成は見た！ やはり限界だった
我慢強いウンコたれ

我慢せずには生きてこられなかった男、家康

昔の人は我慢強いとよく言われる。なかでも我慢の天才と呼ばれるのが「鳴かぬなら鳴くまで待とうホトトギス」、戦乱の世を終わらせて江戸幕府を

PROFILE

江戸幕府の創設者にして初代将軍。今川義元が桶狭間の戦いで敗れるまでの十数年間人質として過ごした。小田原征伐後、豊臣秀吉から関東への移動を命じられ江戸城を拠点とし、大坂の陣で豊臣氏を滅ぼし天下統一。

開いた天下人・徳川家康である。その我慢強さは生まれ育った環境によるものも大きいだろう。生を受けた三河国《みかわ》・松平家は織田と今川に挟まれた小国であり、家康はわずか6歳で親元から離され、13年間も人質生活を送っていた。

裏切りや権力争いが日常茶飯事であり、祖父は家来に斬られて殺され、父親も家中の権力争いに負けて国を追い出されたことがある。我慢抜きには生きていけない環境だったのである。その最たるものと言えば、信長に妻子を殺すように命じられたことだろう。

1562年、三河国の大名となった家康は長年にわたり支配を続けてきた今川家から離れ、織田信長と同盟を結ぶ。このとき家康は21歳、信長は28歳。対等に近い関係でともに力を合わせて戦をたたかう盟友だった。

信長のいじめっ子魂に火をつける!?

しかし時を経て、信長は次第に家康に己の力を見せつけるがごとく難題を課すようになる。それは盟友というよりも、主君と家来のようであったという。そして冷酷な命令が下された。家康の妻・築《つき》山殿《やまどの》が長男の信康《のぶやす》とともに信長の敵・甲斐《かい》国の武田家と通じ、謀反を企てているとして殺すように申し付けてきたのだ。

家康は命令が下ってわずか3日後、遂行した。妻の築山殿は家康が人質時代に結婚した妻であり、信康は18歳のときに生まれた初めての男の子。どちらも大切にしていないかったはずがない。感情に流されず、決断が早い家康とはいえ、どれほどの苦痛を強いられたことだろう。

この感情に流されないスピーディーな決断力は小田原攻めの際にも発揮されている。秀吉はこのとき、ただの片田舎だった江戸に家康を飛ばしたが、家康はこれまで命がけで守ってきた領地とお城をすぐに返上、わずか1カ月後には家臣たちを連れて江戸で工事に取り掛かったという。

家康と言えば「徳川家の宝は三河武士」という発言でも知られるが、一向一揆《いっこういっき》の際に信頼する家臣に裏切られても、ことが治まった際には再度家来として雇ってもいる。小国ゆえの人材不足でそうせざるを得なかった部分もあるだろうが、これも感情に流されない我慢と言えるだろう。

我慢のマイレージをチャンスに変える

とはいえ「我慢強くない」エピソードも残されている。織田・徳川連合軍が武田軍と戦った三方ヶ原《みかたがはら》の戦いでは、兵力差を顧みず出撃。籠城か野戦かという選択肢に対し、先を急いで悪手を選んだと言える。

家康はものの見事に惨敗し、ウンコを漏らしながら浜松城へ逃げ帰った。

しかしさすがと言えるのはその後であろう。武田軍が城に押し寄せるという絶体絶命の大ピンチに際し、家康は守りを固めるどころか城の門を大きく開け放つよう家臣に命じた。はっきり言って普通ではない。

案の定、「これは何かの策略ではないか?」と考えた武田軍は引き揚げ、家康は危機を切り抜けることができた。どんなに追い込まれても冷静に考える、家康の判断が功を奏したと言っても過言ではないだろう。

ともあれ、「鳴くまで待とうホトトギス」を実行するには、健康で長生きしなければならない。そのためかどうか、家康は水泳などで身体を鍛え、食事は麦飯を腹八分目。さらに薬の知識にも通じ、自分で調合までしたという。

そんなこんなで天下を取った家康だが、関ヶ原《せきがはら》の戦い前後で別人のように人が変わった、と評されることもある。関ヶ原の戦いこそ、信長や秀吉のもとで経験したことを活かし、我慢のマイレージをチャンスに変えて判断を下したターニングポイントだったのだ。

もはや石《いし》田《だ》三成《みつなり》などがかなう相手ではなかったのである。

鯛の天ぷらの食べすぎと言われる死因(胃がんだったとする説も)も、「我慢しなくて良くなった」家康らしい最期だったと言えるだろう。

戦国武将

真田幸村《さなだゆきむら》

心優しき猛将、最初で最後の逆ギレ案件

裏切りの兄嫁に放火宣言！

猛将イメージが強いが心優しい人だった

大坂夏の陣で勇猛果敢な戦いぶりを見せた真田幸村。家康に自害を覚悟させたり、伊達家の騎馬鉄砲隊を蹴散らした挙句「関東武者が百万いても、男

PROFILE

諱《いみな》は真田信繁《のぶしげ》。安土桃山時代から江戸時代にかけて、豊臣方の武将として活躍した。大坂冬の陣では真田丸と呼ばれる砦を作り、徳川家康の本陣まで攻め込む奮闘を見せたものの、夏の陣にて戦死。

子は1人もいないものだな」などと捨て台詞《ぜりふ》を吐いたりといったエピソードから「猛将」「闘将」などと呼ばれることも多い。しかし兄・信之《のぶゆき》によれば「性格は温厚で、芯が強く辛抱強い人」とその性格が語られている。周囲への気配りもかなりのもので、大坂夏の陣でバラバラの武将たちが一致団結したのも彼の功績と言われているのだ。

その温和なはずの幸村が異常にブチ切れたとされるのが、関ヶ原の戦いの後で父・昌幸《まさゆき》と兄が住む沼田《ぬまた》城へ寄ったときのエピソードである。兄のところに生まれた子の顔を見ようとしたのだが、このとき父と幸村は西軍、兄は東軍と袂《たもと》を分かって戦っているときでもあった。夫の留守を守る小松《こまつ》姫は「夫がいない間は、たとえ義父や義弟であっても入城はさせない」と彼らを拒んだ。これなら真田家も安泰と喜ぶ昌幸とは逆に、幸村はブチ切れ。無理やり沼田城突入をはかろうとしたばかりか「沼田の街に火を放ってやりましょう」とまで提案したという。父がいてよかった。幸村がここまで激高したエピソードは、前にも後にも残っていないという。

兄・信之と弟・幸村、それぞれの活躍

真田家と言えば弟・幸村の華々しい活躍がよく知られているが、双方に目を向けてみよう。幸村は関ヶ原の戦いで父の昌幸とともに西軍につき、少ない兵力で徳川の主力部隊を信濃国の上田城に迎え撃つなど大活躍を果たした。

結局西軍は敗れ、紀伊国の九度山《くどやま》に追放されるものの大坂冬の陣で豊臣秀頼《ひでより》のもとに馳せ参じ、徳

川勢を追い詰める。翌年の大坂夏の陣では、数にまさる家康の本陣に迫る大健闘。一時は家康に切腹を覚悟させたほどだったという。「戦は数ではなく、頭でするもの」と言う通り、ゲリラ戦の上手さでは群を抜いている。

信之は父の昌幸の片腕として活躍しつつも、関ヶ原の戦いでは家康の東軍についた。戦後、父親の昌幸と弟の幸村が家康に殺されそうになった際は、自分への恩賞を棒にふって2人の命を守ったという。

信之は自分を高く売りつける、というやまっけはなく、誠実で堅実な性格だった。だからこそ、明治まで続く真田家の礎を築いたとも言われている。では、幸村側の子孫はどうなったのだろうか。大坂夏の陣最後の決戦直前、すでに死を覚悟していた幸村にとって唯一の気がかりが幼い娘、息子たちのことだった。

幸村は意を決して、敵方の武将である伊達政宗に仕える片倉《かたくら》小《こ》十郎《じゅうろう》重綱《しげつな》に手紙を書いた。「娘と息子をあなたに託したい。どうか、守ってほしい」……敵ながらめざましい戦いぶりを見せた相手の度量を見込んで、幸村は大切な子どもたちを託すことを決断したのだ。

敵同士で芽生えた炎の友情

片倉小十郎重綱もまた、幸村の想いに応える。政宗の許しを得たうえで、幸村の子どもたちを守り通すことを決意したのだ。息子は名前を変えさせて自分の家臣にし、娘は後に自分の妻とした。徳川家から疑いをかけられてもウソの報告をし、生涯を通して子どもたちを守り続けたのだ。

さて関ヶ原の戦いと大坂の陣が過ぎ、世はようやく泰平の時代を迎えるに至った。信之はさぞかし安泰な人生が……と言いたいところだが、試練はなおも信之を襲う。

長男・次男が相次いで病気で命を落としてしまっただけでなく、家督の相続をめぐってのお家騒動が起きてしまったのだ。真田家を継ぐのは長男の子どもか、それとも次男の子どもか。身内同士が二つに分かれて対立が激化し、さらには幕府の実力者も口出しする始末。ときに信之93歳、分裂と対立を繰り返す一族をまとめて見事に真田家を存続させた。実に亡くなる4カ月前のことだったそうだ。

信之は家臣のみならず領民にまで慕われていたため、その死に際して大いに嘆き、出家する者が続出したという。弟・幸村とはまた違うカタチで、その生きざまを人々は称えたのである。

戦国武将

黒《くろ》田《だ》官《かん》兵《べ》衛《え》

でも息子には忖度《そんたく》してほしかった

自分以外は全員泥人形！

人を人とも思わぬ天才軍師

信長、秀吉、家康と時代を彩る名将たちに重用され、この男あらずして秀吉の天下はなかったと呼ばれる名軍師・黒田官兵衛。

PROFILE

黒田官兵衛とは通称で、本名は黒田孝高《よしたか》。戦国時代から江戸時代にかけての武将で大名。豊臣秀吉の側近として、軍事的才能を発揮し活躍する。熱心なキリシタンとしても有名で、洗礼名はドン・シメオン。

秀吉の側近として山崎の戦いや九州征伐などに参戦し、次の天下人の器と恐れられ、警戒されてもいたという。

「我人にこびず、富貴を望まず」と述べていた通り、人に媚びるようなことは一切しない。石田三成《いしだみつなり》や増田長盛《ましたながもり》らの奉行たちが官兵衛のもとを訪れた際、ちょうど囲碁をしていた官兵衛は「奉行が嫌いなので」という理由で囲碁を継続、待ちぼうけを食らわせた。

当然ながら石田三成らは怒りを露わにしたのだが、この件について聞き及んだ秀吉は「官兵衛は人を人と思わぬことで軍師が務まっているようなものだ」と一笑に付したという。官兵衛にとっては、自分以外の存在は全員泥人形のようなものだった、と言ってもいいだろう。

待ちに待ったチャンスの誤算は息子!?

優秀さにおごっている、計算高いという評もあるが、決して無敗だったというわけでもなさそうだ。たとえば徳川家康が率いる東軍と石田三成が率いる西軍が刃を交わした関ヶ原の戦い。ここにおいては、黒田官兵衛は早々に手じまいを決め込んでいるのである。

秀吉の死後、官兵衛は上洛して伏見屋敷に居住する。これは天下の大乱を見越し、火蓋が切られるきっかけを見出そうと思ってのことだった。東西がぶつかり合い、疲弊したところを狙い撃てば自分が天下を手に入れられる。虎視眈々《こしたんたん》とそのチャンスを狙っていたのだ。

1600年、石田三成が挙兵したという一報を受け取った官兵衛は領内から兵士や農民をかき集め、

9000人もの軍隊を作り上げた。

居城を出た官兵衛は5日足らずで豊前《ぶぜん》(現在の福岡県東部および大分県北部)の半分近くを平定。東軍に属する息子・長政《ながまさ》との敵対も覚悟の上での進軍だった。

そのまま進軍を続けた官兵衛だったが、事態は思わぬ展開を見せることとなる。双方の兵力や兵糧を考えれば長引くと考えられた関ヶ原の戦いが、わずか半日で東軍が勝利してしまったのだ。官兵衛は仕方なく矛を収め、九州の東軍側大名と合流。西軍方の城を次々と攻め落とし、九州の大半を占領した。

ちなみに東軍についた息子・長政は大活躍を見せたばかりでなく、家康から多大なる褒め言葉と52万石を与えてもらった。帰国した長政を出迎えた官兵衛は「家康が自分の手を取って感謝してくれた」と聞くや、「家康はどちらの手を取った?」と尋ねた。すかさず「右手です」と答えた長政に、「左手は何をしていたのか」と問うたシーンは有名である。左手で刺し殺せただろう、というわけだ。「ちょっとは忖度しろよ!」とでも言いたかったことだろう。

おバカな孫にヒヤヒヤのお家騒動

しかし優秀だった黒田家も、お家騒動が起きてしまう。俗に言う「黒田騒動」で、原因は、官兵衛の孫であり福岡藩の2代目藩主、黒田忠之《ただゆき》。わがままで短気な上に遊び好き、酒好きの大変な困ったちゃんだったのだ。

父・長政は何度も「忠之を跡継ぎにするのをやめよう」と考えた。

しかしその都度、黒田氏の筆頭家老で黒田二十四騎、黒田八虎《はっこ》に数えられた栗山善助《くりやまぜんすけ》の子、家老の栗山大膳《だいぜん》は忠之をかばい続けた。なんと「忠之様を跡継ぎにしないのなら、みんなで切腹する」とまで言うのである。ところがその大膳が何度言って聞かせても、忠之のわがままは直らない。それどころか、何かにつけて説教をする大膳をうとましがり、ついには手打ちにしようとさえした。さすがの大膳も堪忍袋の緒が切れ、忠之を「謀反の動きがある」と幕府に訴え出るという大騒動になった。

結局、黒田家代々の功績に免じてお家お取りつぶしは免れ、大膳は盛岡の南部家にお預けというごくごく軽い処分となり、血は流さずに決着した。一連の騒動は、忠之がメチャクチャにした黒田家をなんとかつぶさずに存続させる、大膳の命がけの行動だったのだ。

戦国武将

武田信玄《たけだしんげん》

未遂だったと信じてほしい

浮気がバレて手紙で言い訳！

妻も多数、浮気も多数！浮名を流した武田信玄

幾多の合戦で華々しく名を轟かせ「甲斐の虎」と呼ばれた猛将・武田信玄。信玄堤《しんげんづつみ》と呼ばれる治水《ちすい》事業にも力を入れ、今にその名を伝えられている

PROFILE

戦国時代に活躍した甲斐《かい》国の守護大名にして戦国大名。5回に及ぶ川中島《かわなかじま》の戦いで上杉謙信《うえすぎけんしん》と刃を交え北信濃を制圧。のち反織田信長勢力と手を結び徳川家康を破るものの陣中にて病没。治水事業にも力を入れた。

が、「英雄色を好む」という言葉通り、実は大変な浮気性であった。

といっても当時の常識で言えば、妻以外に恋人を持つことが特段珍しいわけではない。小姓《こしょう》という若い男子に身の回りの世話をさせ、関係も結ぶというのは戦国武将たちにとって比較的ポピュラーな「たしなみ」だったのである。たとえば織田信長は森蘭丸《もりらんまる》、上杉景勝《かげかつ》は清野長範《きよのながのり》といったカップリングがよく知られている。こうして関係を結ぶことで信頼関係を築き、最終的には右腕として主君を助けるようになるのが小姓の出世コースであった。

信玄の場合、恋人は甲斐の守護職時代に取り立てられた春日源五郎虎綱《かすがげんごろうとらつな》という人物である。数え年で16歳のこの少年こそ、のちに高坂昌信《こうさかまさのぶ》という名で武田四天王に数えられる人物である。信玄との年の差は6歳であった。

事件が起きたのは１５４６年、信玄が26歳のときだった。信玄は昌信という恋人がいながら、弥七郎《やしちろう》という男子に手を出してしまったのだ。

猛将の恥ずかしすぎる黒歴史！「言い訳の手紙」を大公開

信玄の浮気を知った昌信は強い怒りを示し、家に引きこもってしまう。信玄は大慌てで書状をしたため、昌信に渡した。現在では「春日源助宛武田晴信誓詞《かすがげんすけあてたけだはるのぶせいし》」として東京大学史料編纂所《へんさんじょ》が所蔵している、その一部をご紹介しよう。いわく、

「弥七郎には確かに言い寄りました。でも、弥七郎が腹痛ということで思い通りにならなかったんで

す。結局やってません。それ以前にもやったことはありません。あなたと深い仲になりたいと思いますが、手をつくしてもかえって疑われそうなのでどうしていいかわかりません。このことは神と菩薩に誓ってウソではなく、もしウソだったら甲斐の一宮、二宮、三宮大明神、富士山、白山、ことに八《はち》幡大菩薩《まんだいぼさつ》、諏訪上下大明神《すわかみしもだいみょうじん》の罰を受けます」

「誓詞」とは、つまり「誓いのことば」。6歳も年下の小姓に対して敬語を使い、確かにアプローチはしたが決定的なことはしていないのだと必死で弁明している。現代でも「ホテルには行きましたが何もしていません」「お泊まりはしましたが一線は越えていません」と苦しい言い訳をする人がいるが、信玄もまさに同じことをしているのである。

とはいえ、単なる言い訳に終始しているわけではなく、昌信への愛情もしたためているところに信玄の思いの深さが読み取れるようだ。これはあながち一方的な愛情だったわけではないようで、昌信は信玄が没した際、涙を流してその死を悼んだという。

やっぱり好きなのは昌信だけ！　そのとき妻への対応は!?

ヤキモチを焼いた昌信とは結局仲直りするわけだが、ここで気になるのが妻の存在である。信玄には複数の妻がいたが、彼にとってはどのような存在だったのだろうか。

信玄の正室は上杉朝興《ともおき》の娘で夫婦仲は良かったというが、不幸にも結婚した翌年、出産の折に子どもとともに命を落としている。そこで継室《けいしつ》の三条《さんじょう》の方が第一夫人となり、長男の義信《よしのぶ》、次男の信親《のぶちか》、三男の信之《のぶゆき》を産んだ。

　三条の方は物語では高慢ちきでイヤミな女として描かれることが多かったものの、実際は才色兼備な女性だったという見方も多い。愛情云々というよりは天下を狙うための外交ツールとして考えていたと見られている。というのも、三条の方の実家である三条家は足利将軍家とも親交があり、姉は細川晴元《ほそかわはるもと》の、妹は本願寺顕如《けんにょ》の正室として嫁いでいる名家だからである。愛がなかったとまでは言えなくとも、夫婦としての絆は弱かったと考えられている。

　武田信玄はその後、川中島の戦いで華々しい活躍を見せる。その際、信玄は昌信に国境付近の守備の要である北信濃・海津《かいづ》城の城代職を任せた。さらに昌信は、難しいと言われる撤退戦に強い名将として「逃げ弾《だん》正《じょう》」という名で呼ばれもした。

　若き昌信に送られた書状、そしてその後も長く続いた信頼関係を踏まえて考えると、主に愛情を注いだのは恋人の方だったのだろう。

戦国武将

上《うえ》杉《すぎ》謙《けん》信《しん》

PROFILE

戦国時代の越後国の大名で、越後の虎、越後の龍と呼ばれる。武田信玄と5回にわたって川中島の戦いを繰り広げた。加賀国と能登国に進出し柴田勝家を破ったものの、京都に上る前に脳卒中にて死亡。

敵に塩を送っていなかった あの美談はウソ!?

卑怯な行為はキライなんです

今日は味方でも明日は敵になるかもしれない。まさに「生き馬の目を抜く」という言葉がぴったりだった戦国時代、美談として語り継がれているのが

「敵に塩を送る」という逸話である。

登場人物は軍神として名高い越後の龍・上杉謙信と政治能力に長《た》けた甲斐の虎・武田信玄。信濃を制圧して北上を試みる信玄と、頑としてそれを阻止しようとする謙信。両者は川中島で何度も刃を交える宿敵同士であった。

あるとき武田氏は、長年にわたって同盟を結んでいた今川氏との関係を一方的にこじらせ、攻め入るという蛮行に出た。その結果、駿河《するが》からの塩の流通をストップされ、海がない土地柄から塩不足のピンチに陥ったのである。

そこで上杉謙信は宿敵でありながら、今川氏側の行動を「卑怯な行為」と批判し、「決着は戦いでつける。だから、越後の塩を送ろうではないか」と武田氏に塩を送ったという。このことから、現代でも「争いの相手が苦しんでいるときに、争いの本質ではない分野については援助する」ことのたとえとして使われることがある。

「敵に塩を送る」という話はなかった!?

上杉謙信はもともと「義」を非常に重んじる人物であり、戦乱の世とはいえ私利私欲や侵略のための戦いはしないが、道理があれば戦う旨を公言していた。それもあって素晴らしい人間性やフェアプレーの精神を表すようなエピソードではあるが、「敵に塩を送る」というエピソードは、実際には作り話という説もある。

今川氏は確かに塩の流通をストップさせた。それでも緊張関係が続いている以上、いくら謙信の懐が広くとも積極的に敵を支援するような行動は考えにくいということだ。しかし「火のないところに煙は立たない」という言葉の通り、何もないところからこんな話が出てくるというのも考えにくい。

複数の説があるが、塩は今川氏が流通をストップさせたのちも民間ルートで運ばれていたことがこのエピソードの由来ではないかと言われている。

武田氏の領地である信濃への塩の流通ルートは主に2つ。1つは今川領の駿河から、もう1つは上杉領の越後からである。駿河からの物資が途絶えた後は越後から信濃への糸魚川《いといがわ》街道を通じての塩の輸送量が相対的に増えた。これが「上杉謙信から送られた」という美談につながったのだろうというのだ。

塩を送ったのか、それとも流通を止めなかっただけか、ビジネスチャンスととらえたか。いずれにせよ武田信玄は上杉謙信に感謝の意を示し、その印として福岡一文字《ふくおかいちもんじ》の在銘太刀《ざいめいたち》「弘口《ひろくち》」一振を贈った。「塩留めの太刀」と呼ばれるものである。現在では重要文化財に指定され、東京国立博物館に所蔵されている。

てゆーか、そんなに性格良くない説

塩のエピソードの真偽はともかく、謙信はなかなかの策士だったと見る向きもある。塩を送った理由でもある、「卑怯な行為はキライ」という横顔を打ち消しかねないエピソードを紹介しよう。

謙信は27歳のときに一度、隠退を宣言している。出家して高野山に隠居したいと言い出したのだ。

もちろん周囲は仰天し、大慌てで思いとどまるように説得した。義兄の長尾政景《ながおまさかげ》の懇願もあって謙信はようやく出家を取りやめたのだが、引退宣言の理由が変わっている。

前年に起きた第2次川中島の合戦で武田信玄と90日間も相まみえた謙信軍は、すっかり士気が下がって言うことを聞かなくなったという。そんな部下の態度に謙信が愛想を尽かしたというのだ。

さらにこの隠退宣言には裏があるとする説も。はなから謙信と政景が仕組んだ小芝居だったのではないかというのだ。

説得に応じて隠退を撤回した際、謙信は交換条件として家臣たちにより一層の忠誠を誓わせ、人質まで差し出させた。結果として、これを機に謙信の家臣団は士気が上がり、結束も強まった。確かに、これが狙いだったとすれば、一芝居打つ価値はある。

今となっては真相は不明だが、いずれの美談にも疑いの余地が多そうだ。

戦国武将

毛利元就《もうりもとなり》

三本の矢、大ウソ説

71歳でも子宝！元気な説教じじい

病床の父から子へ……あの感動話はウソでした!?

大胆な金融政策、機動的な財政政策、民間投資を喚起する成長戦略。第2次安倍内閣はこれら3つの基本方針を「三本の矢」と表現した。これは山口県

PROFILE

戦国時代に活躍した武将。厳島《いつくしま》の戦いにて陶晴賢《すえはるかた》を破ったのち、大内《おおうち》義《よし》長《なが》、尼子義久《あまごよしひさ》らを滅ぼして中国地方10カ国を統一。3人の息子に教えた教訓「三本の矢」が有名だが史実とは違う点も多く架空の話と言われている。

出身の安倍総理が、室町時代後期から戦国時代にかけて活躍し、稀代の謀将として中国地方一の大名となった毛利元就のエピソード「三本の矢」になぞらえたものである。親や先生がこの話を用いて、兄弟や仲間、クラスメート等の結束の重要さを教えてくれたという経験を持つ人も多いのではないだろうか。言うまでもないかもしれないが、1本では簡単に折れてしまう矢も、3本束ねると簡単には折れない。これと同じように、結束を固めよという話である。

この教訓は、以下のようなエピソードとともに語られることが多い。

「元就は病に臥《ふ》していた晩年のある日、3人の息子（毛利隆元《たかもと》・吉川元春《きっかわもとはる》・小早川隆景《こばやかわたかかげ》）を病床に呼び出した。そして1本の矢を取って折って見せる。続いて矢を3本を束ねて折ろうとするが、できなかった。元就はその様子を見せながら、『1本の矢では簡単に折れてしまう。しかし3本束ねれば簡単に折れることはない。おまえたち3人もこの矢のように結束して毛利家を守って欲しい』と言った。息子たちは、父の教えに従うことを誓ったという」

しかしこの話の元ネタとなったと言われている「三子教訓状《さんしきょうくんじょう》」には「3人の間柄に少しでも分け隔てがあってはならぬ。そんなことがあれば3人とも滅亡すると思え」「隆元は元春・隆景を力にして、すべてのことを指図せよ。また元春と隆景は、毛利さえ強力であればこそ、それぞれの家中を押さえていくことができる」といった記述はあるが、矢にたとえたエピソードはない。確かにイイ話ではあるし、父が子と家を守る気持ちに変わりはないのだろう。ただ、感動的なエピソードは後世に付け加えられたものと考えたほうが良さそうだ。

実は「三本の矢」的な話というのは世界中にそっくりなエピソードがある。中国やモンゴルなどのアジアはもちろんのこと、アフリカ東部のソマリアにも類似の話がある。イソップ寓話に至っては、矢ならぬ「3本の棒」という話もあるのだ。

そもそも3人揃って駆け付けるのは無理だった

元就が中国故事の話を聞いて口伝で「三本の矢」を伝えた可能性も捨てきれないが、そもそも論として「病床の父が3人の息子を呼び寄せ……」というのがどう考えても無理なのである。実は元就、実に元気なおじいちゃんだったのだ。

父や兄が酒の飲み過ぎで早死にしてしまったため、「自分はそうなるまい」と20歳の頃に断酒。医学を学び、体調管理にも気を配っていたという。そのせいか年を重ねても精力は衰えることなく、71歳になってもベビーに恵まれるほど頑強な肉体を維持していた。徳川家康をはじめ、健康管理に力を入れていた武将は少なくないが、そのなかでも群を抜いていると言えるだろう。

その元就が亡くなったのが1571年のこと。そして長男である隆元が亡くなったのは1563年。さらには元春は出雲国で戦っている真っ最中だった。なんと「病に臥していた晩年」の頃には、3人揃うのは無理だったのである。確かにわかりやすいたとえではあるが「毛利元就の……」という部分は伝えないほうが、説得力は増すかもしれない。

虫けらと呼ばれた子どもたちも……

ちなみに「三子教訓状」には「今、虫けらのような分別のない子どもたちがいる。それは、七歳の元清《もときよ》、六歳の元秋《もとあき》、三歳の元倶《もととも》などである」とまだ小さな子どもたちをボロクソにけなしてもいる。とはいえ「これらのうちで、将来、知能も完全に心も人並みに成人した者があるならば、憐憫《れんびん》を加えられ、いずれの遠い場所にでも領地を与えてやって欲しい。もし、愚鈍《ぐどん》で無力であったら、いかように処置を取られても結構である」と述べている。

「七歳の元清」は長じて穂田《ほいだ》元清という名で活躍し、弟たちのことも気遣う温厚さと優れた才覚があったという。特に兄の隆景を信頼し、同時期に病床に臥したあと隆景の死を追うように1カ月後、この世を去った。

戦国武将

明《あけ》智《ち》光《みつ》秀《ひで》

PROFILE

安土桃山時代の武将。通称は十兵衛。織田信長に仕えていたがのちに謀反を起こし、本能寺の変にて信長を自害させた。その後羽柴《はしば》秀吉との間で行われた山崎の戦いにて敗北し、逃走中に死亡したと言われる。

三日天下どころか最終的には……

家康と天下取り

信長を討ち、一瞬で潰《つい》えた天下人の夢

戦国時代から安土桃山時代にかけて活躍し、知将と呼ばれた明智光秀。彼の名を有名にしたのはなんと言っても1582年、主君の織田信長を自害さ

せた本能寺の変だろう。当時備中高松城《びっちゅうたかまつ》で戦いの最中であった羽柴秀吉は知らせを聞くなりすみやかに毛利氏と和睦を結び、京に向けて全軍を返した。そして本能寺の変のわずか11日後、秀吉の軍勢と光秀の軍勢は摂津《せっつ》国と山城国の境に位置する山崎で衝突した。いわゆる「山崎の戦い」と呼ばれるものである。

両軍とも消耗は激しかったが、明智軍の士気の低下、兵の脱走・離散、ロケーションの悪さは目を覆わんばかりであったという。光秀は落ち延びる途中、落ち武者狩りに遭って竹槍に刺されて絶命したとも、なんとか逃れたものの力尽き、自害したとも伝えられている。光秀が信長を討った11日後のことであった。天下人の夢はまさに、一瞬で潰えたと言える。ここから、短期間だけ権力を握ることをさす「三日天下」という成句が生まれた。

実は家康と共謀していた!?　今もささやかれる焼き討ちの真実

重臣として取り立てられ、信長から全幅の信頼を寄せられつつも「きんか頭」(「ハゲ」の意)などと呼ばれ、信長の気性の激しさから半ばいじめのような目にも遭っていたという光秀。本能寺の変が逆恨みから起きたと考えるのも不思議ではないが、それにしては光秀は無茶すぎるし信長も無防備すぎるという見方もあるようだ。本能寺の変にはいまだ解明されていないさまざまな謎がある。

その1つが徳川家康黒幕説、徳川家康共謀説だ。家康は信長の命により妻子を手にかけることになり、さまざまな圧迫も受けてきた。ともに天下を取ることを目指し、信長を死に追いやろうとしたという説である。また信長があまりに無防備だったことから、当初は家康が焼き討ちのターゲットであったとする説もささやかれている。つまり、信長は光秀を信じきって家康焼き討ちを持ちかけたものの、光秀が裏切って家康側につき、信長は自らが仕掛けた罠に自分ではまったということだ。

生き延びて家康とともに天下を取った……と言われるワケ

光秀と家康の結び付きがこれほどまでに語られるのは、実はもう一つ理由がある。家康の側近として江戸幕府初期の朝廷政策・宗教政策に深く関与した正体不明の南光坊天海《なんこうぼうてんかい》という僧がいるのだが、これが光秀ではないかという話があるのだ。前述のように、光秀の死の詳細ははっきりとしていない。影武者がいたという説もある。生き延びて家康のもとに行ったという可能性も、ゼロではないのだ。

南光坊天海が明智光秀である、という説の根拠となるものをいくつか挙げてみよう。

まず光秀の死後、1582年以後に「光秀」の名で寄進された石碑が比叡山に残されている。これにより、光秀が生きていたのではという可能性が浮かび上がってくる。そして日光東照宮内の多くの建物に桔梗紋《ききょうもん》が彫られていることからも光秀との関係性が語られる。桔梗紋は決して明智家だけのものというわけではないが、光秀の家紋であった。日光にある「明智平」は、天海が名付けたと伝えられてもいる。

『東叡山開山慈眼大師縁起《とうえいざんかいさんじげんだいしえんぎ》』に残されているエピソードは実に興味深い。家康は天海と初めて対面した際、人払いをして初対面とは思えないほど親しく語り合ったという。これはおよそ前例がないことで、側近たちも驚いたそうだ。

また、寛永寺が所蔵している布施帳《ふせちょう》によれば、天海が亡くなった際には妙心寺《みょうしんじ》（光秀と親交があった）、西教寺《さいきょうじ》（光秀の菩提寺）、愛宕威徳院《あたごいとくいん》（かつて光秀が連歌会を開いた寺）からは香典が届けられたのに対し天海にゆかりがあると言われていた龍興寺《りゅうこうじ》、黒川稲荷堂からは何もなかったと伝えられる。

さらに大阪府にある本徳寺《ほんとくじ》では、一時、明智光秀が潜伏していたという伝承がある。そこに残された俗謡を見てみよう。「鳥羽へやるまい女の命、妻の髪売る十兵衛が住みやる、三日天下の侘び住居」

明智光秀の正室は煕子《ひろこ》といった。本能寺の変の前に病死しているが、貧乏暮らしだった頃に夫が仲間を接待する際、自分の黒髪を売ってそのお金で料理をこしらえたのだという。そして三日天下という言葉。光秀は生きていた、若き頃の良き思い出とともに。そして天下を目指した家康のもとへ行った——そう考えるのは、いささか感傷的すぎるだろうか。

戦国武将

藤堂高虎《とうどうたかとら》

PROFILE

戦国時代から江戸時代にかけて活躍した武将。伊勢津藩の初代藩主。関ヶ原の戦い、大坂の陣では徳川方につき活躍した。当時としては珍しい高身長で、およそ190センチメートルを誇ったとも言われている。

7度目のFA宣言で32万石の大名に!!

ミスター忠誠心ゼロ!?

秀吉も家康も、高虎の手腕にベタ惚れ! 華麗なる出世街道

戦国時代から江戸初期に活躍した武将・藤堂高虎。彼は自分が納得して仕えられる上役を求めて、なんと生涯で8回も仕官先を変えた人物として知ら

れている。現代でこそ複数回の転職は珍しくないかもしれないが、それでも8回という猛者は少ないだろう。さらにはネット上で履歴書を書いてハイ送信、という就活・転活とはワケが違う。いったい高虎はなぜそこまで仕官先を変え、また受け入れられたのだろうか？

1556年、高虎は近江《おうみ》国の小さな豪族の次男として生を受けた。最初に仕官したのは浅井長政で、足軽という身分であった。15歳のときに初陣となる姉川《あねがわ》の戦いで武功を上げるなど長政からも認められていたが、浅井氏が織田信長によって滅ぼされると浅井氏の旧臣を転々とし、信長の甥の家臣となる。自分の力を認めてくれる主君を求めてのことだったが、ときにはその日食べるものにも窮して無銭飲食をしたという逸話も残されている。

高虎の人生を大きく変えたのが羽柴秀吉の弟、秀長《ひでなが》との出会いであった。温厚で秀吉をサポートし、手柄は人に譲る。何事に対しても謙虚な秀長に、高虎はゾッコンとなった。秀長のもとで軍資金の調達方法や城の築き方を身に付け、ついには家老にまで取り立てられるようになる。

家老じゃまだまだ足りないぜ

しかし秀長は1591年、惜しまれつつこの世を去ったため甥で養子の豊臣秀保《ひでやす》に仕官。ときには代理として戦場に赴くこともあった。秀保の死後は出家をするも、秀吉の命を受けて還俗、伊予《いよ》国板《いた》島《じま》で7万石の大名となる。

ここで豊臣家に生涯仕官……といかないのが高虎である。秀吉が死去する前からもともと親交があった徳川家康に急接近し、豊臣氏の身内で分裂が起こると高虎は迷わず家康側についた。関ヶ原の戦いや大坂の陣で武功を上げ、江戸城改築に力を入れた。家康は彼の忠義と才覚を買い、一介の外様大名ではありながら譜代大名と同じ扱いをしたという。家康が死去したのちは2代将軍秀忠《ひでただ》に仕えている。最終的には32万石の大名にまで上り詰めた。

「武士たるもの　7度主君を変えねば武士とは言えぬ」と次々に主君を変えた藤堂高虎の生き方。周囲では、不義理なヤツとされたり「風見鶏」と口さがない呼び方をされたりすることもあったようだ。その一方で、自分の力を正当に評価してくれる人のもとで働くためには、妥協を許さない、まっすぐな生き方をした、という見方もできるだろう。また、豊臣家から家康にシフトしたときのように、時代の空気や時勢を読む力もあったはずだ。

高虎と同年代に活躍し、徳川家康の腹心として老中にまで上り詰めた本多正信《ほんだまさのぶ》も、松永久秀《まつながひさひで》に仕えていたことがあった。このとき主君を見限ったのは正信側だったという。久秀は正信のことを「非常に柔軟なものの考え方をするし、人柄も卑しくない」と高く評価していたが、一方で正信の方では久秀を「品格がない」と評していたという。正信は権謀術数《けんぼうじゅっすう》によって権力を得る人ではなく、徳によって政治を行う人のもとで働きたいと考えた。そこで家康のもとで仕官することを選んだという。

高虎にせよ、正信にせよ、決して風が吹けば向きを変えるような日和見《ひよりみ》的な発想で主君を選んでいたわけではない。はっきりした意志を持ち、誇りを持って仕事を選んだのだ。

さて、いくら理想に燃えていたとしても、その大名の心をわしづかみにできなければ、近づけようはずもない。高虎はどのようにその力を示したのだろうか。その「人たらし」ぶりを見てみよう。

主君をメロメロにしたそのテクニックとは？

高虎が豊臣秀吉の弟、秀長に仕えていた頃の話。高虎は秀長から京都に上ってくる徳川家康の屋敷を聚楽第の中に作るように指示を受けた。設計図を手渡され無事完成したが、そこには設計図にはない壁が作られていた。首をかしげる家康に、高虎は「世はまだ不穏、徳川様は大切なお方ですから、私の一存で守りを堅くいたしました」と私費で壁を作ったことを告げたのだった。家康が感激しないはずがない。

家康の息子・秀忠が二条城を改築したときのエピソードも興味深い。設計を任された高虎は違った設計図を2通書き上げた。家臣が理由を尋ねると「一通しか作らなければ、俺が決めたことになる。二通作れば、どちらにするかを秀忠様が決めたことになる」と述べたという。主君を立てる、その気遣いの度合いが桁違いであったのだ。

戦国武将

前田利家《まえだとしいえ》

加賀百万石の殿様は二度死ぬ!?

槍よりもソロバンがお好き

身長180㎝男の手のひらには……

前田利家と言えば、加賀百万石を一代で築き上げ、槍の名手としても知られている名将。若い頃は織田信長に仕え、身長およそ180㎝という堂々た

PROFILE

安土桃山時代に織田信長に仕えた武将。信長死後は豊臣秀吉のもとで功を上げた。秀吉死後は、五大老の一人として秀頼を補佐。当時の平均身長を大きく上回り、すぐれた容姿であったとも言われる。

る体軀に長さが6・3mもある槍を使って多くの手柄を立てたという。

当時の男性の平均身長が160㎝だったというから、相当な大男だ。それが長い槍を振り回すのだから、相当な腕利き以外は寄せ付けもしなかっただろう。それでも若かりし頃、信長の寵愛を受けていた茶坊主を斬り捨てたことで浪人同然の生活を余儀なくされる。この頃、「金がなくなると世間というのは恐ろしいものだ」という人生観を得たと考えられている。

桶狭間の戦い、美濃攻めに無断で参戦して手柄を立てることで帰参を許され、着実に出世。その後の豊臣政権では、徳川家康らとともに五大老を務め、家康の動きを牽制するほどの実力を誇ったとされている。

勇猛果敢なイメージを持たれることが多いが、そんな利家の愛用品はソロバン。ただ愛用するのみならず、戦場でも常に手のひらサイズのソロバンを鎧と一緒の箱に入れて持ち歩き、前田家の決済はすべて自ら行っていたそう。秀吉が朝鮮に兵を進めた1592年の「文禄《ぶんろく》の役」の際、今の佐賀県に本陣を設けたときに利家が使用したとされるソロバンが伝わっている。陣の中で、兵糧や兵士、武器の数などを計算していたのだろう。

嫁も激怒！ 戦場までソロバンを持ち運び二度死ぬ

まさに「文武両道」という言葉そのままのようだが、「ちょっと細かい人なんじゃ……」という印象を持たれた方も多いかもしれない。それは当時、利家を取り巻く人々も同じだったらしく、こんなエピソードが残されている。

なんでも戦の際、利家が出陣を渋っていると妻のまつが激怒。「金勘定ばかりしていて家臣を十分雇っていないから出陣できないのよ！」と言い放ち、あろうことか利家の代わりに侍女を率いて出陣しようとしたとか……。

さらには臨終の際、息絶えたかに見えた利家がにわかに生き返り、遺産相続で騒動が起こらないようにすべての勘定を決済してから、改めて亡くなったという逸話も。

倹約家だからこその加賀百万石なのだろうし、若かりし頃の苦労を思い返せば、それくらいのことはあってもおかしくない。

バカか天才か？　息子・利常《としつね》のサバイバル戦術

そんな利家の息子は利常という。鼻毛を伸ばし放題にしていたので家来が鼻毛を切ったらどうか、とすすめると「これは加賀・能登・越中の三国を守る鼻毛だ」と言ったエピソードで有名だ。これは豊臣秀吉と近しい関係だったため徳川家から警戒されていた前田家の立場をよくわきまえ、バカ殿だと見せて幕府を安心させていたという。

しかしバカ殿エピソードは鼻毛のみにとどまらない。

病欠していた利常が、回復して久しぶりに江戸城にあがったときのこと。それを皮肉られると、大名が集まる満座の殿中でやおら袴をめくって股間をまる出しにし「いやあ、ここが痛くてかなわんのでござるよ」と言い放った。

またあるときは江戸城の一角で「立小便禁止。違反した者は、黄金一枚の罰金」という看板を見つけて、その立て札に立小便。そしてこう言い放ったという。「大名が黄金ほしさに小便を我慢してどうする！」……サバイバル戦術なのか真のバカなのか判断に迷うが、一方で着々と徳川家との親密な関係を築いていき、前田家は無事に存続していった。

ある日、利常の息子が金沢城の中に家康をまつる東照宮を建立した際には、利常はこんなアドバイスをしたという。

「もし幕府の天下がひっくり返るようなことが起きたらどうする？　こういうものは、城の外の遠いところにまつっておくほうが良いのだ」

こうした冷静さを見せるところも踏まえると、バカ殿エピソードもサバイバル戦術ということにしておいて良さそうだ。

戦国武将

荒木村重《あらきむらしげ》

息子に刻まれた悲しきトラウマ

自分さえ良ければ家族は知らん！

PROFILE

戦国時代から安土桃山時代にかけて活躍した武将。織田信長に仕えたのち、離反し城を追われる。その後毛利氏のもとへ逃れた。茶道を千利休《せんのりきゅう》に学んだ茶人としても有名。利休十哲に加えられることもある。

妻子を見捨てて逃げ出した裏切りの武将

戦国時代から安土桃山時代に生きた武将・大名の荒木村重。1536年に摂津国に生まれ、池田勝正《いけだかつまさ》の家臣として仕えるうち池田長正《ながまさ》の娘を娶《めと》って一

族衆となった。その後混乱に乗じ池田家を掌握する。のちに白井河原《しらいかわら》の戦いで織田信長にその性格を気に入られて織田家に移り、最終的には池田知正《ともまさ》を家臣にするなど見事な下克上《げこくじょう》を果たした。いわば織田信長の家臣として出世を果たしたのだが、あろうことか1578年、羽柴秀吉軍に加わって三木《みき》合戦に参戦していた村重は突如、信長に対して反旗を翻したのだ。

一度は明智光秀ら使者の説得により思い直し、釈明のため安土城に向かった村重。しかしその途中で茨木《いばらき》城に寄った際、家臣の中川清秀《なかがわきよひで》から「信長様は一度疑った部下は必ず滅ぼそうとする」と言われ、あっさり伊丹《いたみ》に戻ってしまう。秀吉すらも「これはヤバイ」と感じたのか、村重と旧知の仲でもある小寺孝隆《こでらよしたか》（のちの黒田官兵衛）を遣わして思い直すよう促すも、村重は孝隆を拘束・監禁。伊丹の有《あり》岡《おか》城に籠城してしまう。

織田軍に徹底抗戦をして1年。側近の中川清秀と高山右近《たかやまうこん》も信長方に寝返り、戦況は混迷を極めていった。

兵糧も尽き、援軍も来ないのに村重は「兵を出して合戦をしている間に退却しよう。うまくいかなければ尼崎《あまがさき》城と花隈《はなくま》城とを明け渡して命乞いをしよう」と言っていたが、1579年一族郎党を見捨てて一人で城を脱出して逃げてしまったのである。

ここで登場するのが村重の下克上により立場が逆転し、家臣となった池田知正である。荒木久左衛《きゅうざえ》門《もん》という名で有岡城の城守を任されていたが、逃げた主君の代わりに信長と交渉するという、実に心臓が痛む役割を押し付けられるハメになる。信長は「尼崎城と花隈城を明け渡せば妻子を助ける」と約束し、久左衛門らは人質として妻子を差し出した。そして村重を説得に行ったが、村重はあろうことか首を横に振った。

困り果てた久左衛門らもそのまま逃げ、城に残された500人以上の家臣や女性たちは信長によって一人残らず焼き殺され、妻や娘たちは衆人環視の中で首をはねられるという、むごたらしい最期を遂げたのだ。

ただ一人生き抜いた息子・又兵衛の数奇な運命

実はこのとき、ただ1人、密かに助け出されて生き延びた人物がいる。それが村重の末の息子、岩《いわ》佐又兵衛《さまたべえ》だ。乳母《めのと》の機転によって有岡城を脱出することに成功した又兵衛は、まだほんの乳飲み子だった。彼はひとまず信長と対立していた本願寺にかくまわれ、誰に育てられたのかはわかっていないものの無事に成人した。そして、姓を荒木から母方の岩佐に改め、画才を活かして京都で絵師として活躍するようになった。やがて、江戸幕府の将軍家から作品の依頼を受けるほど名うての絵師として知られるようになる。生命力あふれるその独特な画風は、後の浮世絵の誕生に大きく貢献したと言われている。

幼くして家族を皆殺しにされたという悲しい過去を、又兵衛はどんな思いで受け止めていたのだろうか。ある1枚の絵に、その心中を窺わせる描写が残されている。それは盗賊に胸を刺された女性の姿を描いたもので、苦しみに悶える表情の下、あらわになった白い胸からは真っ赤な血がほとばしっている。又兵衛の母は信長に惨殺されたとき、21歳の若さだったという。彼女を想って描いた1枚であるとも指摘されている。一生を通じて亡き母を思い、胸に痛みを抱え続けていたのかもしれない。又兵衛は72歳まで生きた。

戦乱の世、裏切りや謀略は世にはびこり、たとえ天下を取っても出世しても明日をも知れない日々だった。又兵衛のように、親のせいでつらい運命を背負わされてしまった子どもも少なくなかったのだろう。

逃げた村重は茶人になった

一方、一族郎党を裏切って逃げた村重はといえば、1582年に信長が本能寺の変でこの世を去ると堺に戻った。秀吉が天下を取ってからは大坂で茶人として復帰し、千利休と親交もあり、利休十哲に数えられてもいる。ただなんとなく小さい人間性はそのままだったのか、その後秀吉の悪口を言ったことが本人にバレ、処刑されないように出家して荒木道糞《どうふん》、のちに道薫《どうくん》という名前に変え、52歳でこの世を去った。

戦国武将

福島正則《ふくしままさのり》

PROFILE

安土桃山時代に豊臣秀吉に仕え、数々の合戦にて活躍。関ヶ原の戦いでは徳川につき、その功によって広島城主となったが、城を無断で修理した罪により領地を没収される。その後は信濃に移り住み不遇のうちに病死。

太平の世の訪れとともに用無し宣告

自分は平和時の弓ですけぇ…

秀吉にも家康にも重用されたその手腕

今も昔も出世は勤め人の夢。目をみはるような引き立てを受けた同僚にヒソヒソしたり、そうかと思うと左遷にヒソヒソしたり、その様子は戦国・江戸の世から平成に至るまでまったく変わりはないのだろう。一気にスターダムにのし上がった人が急に窓際へ追いやられ、子孫の代まで嫌がらせを受けるハメになった事例を戦国時代の武将・福島正則の例に見てみよう。

福島正則は1561年、尾張国に生まれた。母が羽柴秀吉の叔母にあたる人物だったため幼少より小姓として秀吉に仕え、17歳のときに播磨で初陣を飾った。その後山崎の戦い、小牧《こまき》・長久手《ながくて》の戦い、九州平定に小田原征伐、文禄の役などさまざまな戦で功績を上げ、名将ぶりを発揮している。何より、「覚悟」が違った。暦の上で良くないとされる「大悪日」に出陣することを渋った家臣に対し、正則は「二度と生きて帰ろうとは思わぬ」と、死をも覚悟して向かったというエピソードが残されている。

福島正則の名を最も有名にしたのは、槍の名手であり〝賤ヶ岳《しずがたけ》の七本槍《しちほんやり》〟の筆頭に挙げられたというエピソードだろう。これは1583年、近江国の賤ヶ岳付近で行われた羽柴秀吉と柴田勝家の戦いで、織田勢力が分裂するほどの激しいものであった。秀吉側が勝利して天下人への礎となったエポックメイキングな戦いだが、ここで功名を立てたのが正則をはじめとする7人であった。報酬も他の6人が3000石であったのに対し、正則だけが別格の5000石とも言われている。

そんな正則の名将ぶりを恐れていたのが家康であった。彼は関ヶ原の戦いの際、「あいつを敵に回したらヤバイ」と考え、事前に正則と仲が良かった黒田長政に手を回して「東軍についてくれ」と説得してもらう。そもそも西軍を率いているのは正則と犬猿の仲であった石田三成である。東軍への参加を決めると家康の期待通り奮戦。西軍の宇喜多秀家《うきたひでいえ》と戦い進撃を防ぎ切るなど大きな功績を上げる。家康は大いに喜び、安芸・備後に約50万石を与えた。

秀吉への思い断ち切れず……家康にバレバレ！

若い頃に重用してくれた秀吉。豊臣家に忠誠を尽くすのであれば、関ヶ原の戦いでは石田三成率いる西軍につくべきだった。東軍について結果的に勝利し出世もしたものの、正則のなかにはくすぶる思いが残っていたのかもしれない。これについては庶民出身だから人間がデキていなかったとか、政治センスがなかったと揶揄する人もいるが、「変われない人」もいれば「変わらない人」もいる。正則がどちらであったかは定かではないが、一度恩義を受けた人間には、そうそうきっぱりと気持ちを切り替えるほど器用になれない人間だって多いのである。

しかし正則がその思いを隠そうともしなかったのは、さすがに不用心すぎたとも言える。秀頼の病気見舞いをしたり、「今でも主君と思っているのは豊臣家である」と公言してはばからなかったりというのは、明らかに悪手であろう。家康がそれに気づかないはずがない。もともと豊臣家の影響が残っていることを良しとせず、改易や減封政策で排除を進めていた家康である。正則に向けてもそれは同様で、大坂の陣では正則をはじめ、福島家を参戦させることはなかった。その頃、正則はすでに五十路を超えている。出世はしきった……と言えるかもしれないが、さらなる不幸が彼を襲う。正則の居城・広島城を猛烈な台風が襲ったのである。

台風は城下町はもちろんのこと広島城にも被害を与え、修繕を強いられることとなった。江戸時代に入ると「城は一つの国に一つだけ、修繕するときは必ず幕府の許可を得てからにすること」という決まりができていたので、正則は届け出を行った。しかし、幕府はなかなか許可を出さない。そこで正則は「幕府には後でなんとか言えばいいや」くらいの感覚で勝手に修理を始めてしまった。

家康亡き後も続く徳川家の嫌がらせ

これが2代将軍秀忠の逆鱗《げきりん》に触れる。「アイツ俺のことナメてんだろ！」とブチ切れ、正則をクビにしてしまった。正則は息子に家を譲って出家・隠居したものの、息子も先に亡くなり大名人生は終わった。十分の一以下の領地しかない信州・川中島に飛ばされた正則は「弓を見てみよ。敵がいるときは重宝だが、平和になれば、袋に入れて蔵にしまっておく。わしは、その平和のときの弓だ。乱世のときには必要とされるが、戦の世が終われば川中島の蔵に入れられてしまうのだ」と語ったという。

戦国武将

石《いし》田《だ》三《みつ》成《なり》

PROFILE

安土桃山時代の武将にして豊臣秀吉の側近。秀吉からの信頼は厚く重要な戦いには必ず参加し功績を残す。秀吉の死の直前に成立した五奉行の一人ともされた。関ヶ原の戦いにて徳川軍に対して大敗し、京都にて処刑。

人望がゼロすぎる!

戦国の「言うだけ番長」

人望なさすぎの三成……関ヶ原は当然の結果!?

石田三成は、近江国の豪族の子として生まれ、豊臣政権で秀吉子飼いの部下として活躍し、五奉行のうちの1人となった武将だ。秀吉の死後、打倒・

徳川家康を目指して毛利輝元《てるもと》ら諸大名とともに西軍を組織し関ヶ原の戦いでぶつかったが、あえなく敗北。京都六条河原で処刑された。

三成については他の武将からの人望がなさすぎるエピソードがよく見られる。黒田官兵衛は三成が訪問しても「奉行ってキライなんだよね」とコケにして囲碁を続行したし、名将として名高い福島正則は豊臣家への恩義を感じながらも「三成……ナイわ！」と家康側の東軍についたほどである。

関ヶ原の戦いにおいては、井伊直政《いいなおまさ》と松平忠吉《ただよし》の攻撃をきっかけとして東軍はいっせいに襲いかかった。対する西軍最大の1万7000を擁した宇喜多秀家隊は、鉄砲を盛んに撃ち放つ。東軍の福島正則勢は浮き足立ち、石田三成の隊も、軍師の島左近《しまさこん》が大奮戦である。ひるむ東軍、黒田長政勢に「頃合いよし」と見た石田三成は、総攻撃ののろしを上げた。しかし西軍各隊は動かない。両軍を見下ろす絶好の地、松尾山に陣取る小早川秀秋《ひであき》勢も動かない！　そのとき、秀秋の松尾山に向けて、家康が鉄砲を放ち、これをきっかけにして秀秋は裏切った。向かうは西軍、大谷吉継の陣。時刻は、正午過ぎのことだった。

秀秋は、領国の統治のことなどで自分の不手際を石田三成に告げ口され、それ以来三成のことが嫌いだったようだ。裏切った小早川秀秋勢に対して西軍の大谷吉継は猛反撃。実は秀秋の裏切りを想定し、400の鉄砲隊を伏せてあったのだ。しかし脇坂《わきざか》、小川《おがわ》などの西軍も裏切りに走ったことで大谷吉継隊は壊滅し、宇喜多勢も崩れた。最後まで踏みとどまった石田三成隊も散り散りになり、午後2時頃に関ヶ原の戦いは終わった。

三成は自害せず、「落ちて生き延びる」と決意し、逃れるも捕縛される。平素からの愛読書は『源平《べんぺい》盛衰記《じょうすいき》』、たとえ敗れても生き延びて、最後には平家を打ち破った源頼朝《みなもとのよりとも》を尊敬していたのである。大坂・堺を市中引き回しのうえ京で処刑される直前、彼は「のどが渇いて白湯が欲しい」と言った。役人は「白湯はないが、干し柿ならある」と答えたが、三成は「柿は痰《たん》の毒だからいらぬ」と言った。「もうすぐ死ぬのに体のことを気にするなんて」と役人が聞くと、三成は「大義を抱く者が最期まで命を惜しむのは、本意を達成しようと思うからだ」と答えたそうだ。正論すぎて人間的な面白みに欠けるエピソードである。

これほどまでに嫌われ者のイメージが強い三成だが、領民には慕われていたという。三成が関ヶ原の戦いにおいて掲げていた旗印は「大一大万大吉」。これは「一人が万民のために、万民は一人のために尽くせば、天下の人々は吉(幸福)になれる」、つまり皆で一緒に幸せになろうという意味が込められている。また「豊作で米がたくさん収穫できたときは皆さんのものにしていい」「不満があったら三成に直訴していい」といった約束を文章にもしており、領民のための政治に力を入れていた。関ヶ原で敗れたのち、領民は危険をものともせず三成をかくまい続けたという。

生涯運命をともにした大谷吉継との友情

大谷吉継との友情も語り継がれている。石田三成と大谷吉継の出会いは、2人がまだ10代半ばの頃。戦で父を亡くした大谷吉継が、近江の長浜を治めていた秀吉に仕えたいと申し出、それを取り次いだのが秀吉の小姓として仕えていた石田三成だった。歳の近い2人は瞬く間に意気投合。助け合いながら秀吉の天下取りを支えていく。三成は吉継についてこう述べている。

「自分によく似ているが、心が広くおおらかで信義に厚く情が深い。自分にないものをたくさん持っている」

　秀吉が九州の島津氏を攻めたときには、20万人分の兵を養うための物資を2人で協力し合って瞬く間に調達。その様子を見た堺の豪商たちは、こう言ったという。

「もし2人が商人なら、自分たちは10人でもかなわない」

　出会いから25年。徳川家康に対して挙兵することを決意した石田三成は、吉継に味方してくれるよう頭を下げた。吉継は「お前は、あふれるばかりの知恵と才覚があるが、人々に対して横柄で信望もない。この企ては失敗する」と止めるが、三成は応じない。ここに及び、吉継は三成に味方することを決意したのだった。吉継は関ヶ原で八面六臂《はちめんろっぴ》の大活躍を見せたものの、味方の裏切りに遭って自害。そして三成も捕らえられ斬首された。2人は死ぬまで運命と友情をともにしたと言えるだろう。

戦国武将

伊達政宗《だてまさむね》

独眼竜の意外な過去

ネクラ・臆病・引っ込み思案

PROFILE

安土桃山時代に東北にて活躍した武将。幼少期に右目を失明し隻眼《せきがん》となったことから独眼竜の異名を持つ。関ヶ原の戦いでは徳川につき、上杉景勝と戦う。キリシタンへの関心が深く、支倉常長《はせくらつねなが》をローマに派遣したことも。

コンプレックスだらけの幼少期

戦国時代のヒーローと言えば東北の覇者・伊達政宗。伊達政宗と言えば、大胆不敵で、派手好き、イケイケな伊達男！　というイメージを持たれることが多いが、実は、もともとかなり陰キャ……つまり陰気で臆病、引っ込み思案という、戦国のリーダーには到底向かない性格の持ち主だったのだ。

中学校で言えばオドオドして教室の隅にいるようなタイプの政宗が、どのようにして生まれ変わったのか。それはまさに「人生の革命」と言って十分なほどの波乱万丈の人生である。

政宗は5歳のとき天然痘《てんねんとう》を患った。不幸にも右目が飛び出てしまって見えなくなり、ひどいあばたが顔中にできてしまったという。母親の義姫《よしひめ》に醜い政宗は嫌われ、疎んじられるようになる。母恋しさに近寄っても、冷たく睨まれるばかり。政宗はいじけて、こそこそと物陰に隠れるような、臆病な子どもとして育ってしまった。

陰気な男子を変えた2人の味方

一方、そんな政宗をあたたかく見守ってくれる人もいた。1人は政宗の乳母《めのと》で、喜多《きた》という女性である。喜多はとにかく彼をよく褒めた。失明したばかりか母に嫌われすっかり自信をなくしていた政宗に、喜多はこう言ったのだ。

「若君は、昔、出羽国で活躍したお坊様、万海上人《まんかいしょうにん》の生まれ変わりです。万海上人は片目が見えませんでしたが、若君も同じ。それが、何よりの証です」

喜多は政宗の一番のコンプレックスを一転して、誇れるものに変えてくれたのだった。孤独だった自分を見放さなかった喜多。政宗は晩年、彼女についてこう語っていたそうだ。

「おだてられると、ときに人間は人変わりするものだ。喜多というおだて主がいなければ、わしは世にいなかったかもしれない」

もう1人は喜多の弟で、政宗の養育係を務めた片倉《かたくら》小《こ》十郎《じゅうろう》である。

政宗は、あるとき決心して、酷《ひど》く飛び出してしまった右目をえぐり取れと家来たちに命じた。あまりに壮絶な荒療治に、家来たちは皆尻込みをするばかり。そんななか、政宗の覚悟を受け止めてくれたのは小十郎だった。

小十郎は政宗が孤独で臆病だった頃から「もしも若君が天下取りに動くときは、自分が先頭に立って戦う」と言い続けていたそうだ。政宗のためなら、いつでも命を投げ出すと公言してはばからず、要望に応える。そうした小十郎を、政宗は心から信じていたのである。

このように、自分を見守り支えてくれる人と出会ったことで劣等感を捨て、政宗は戦国の英雄へと生まれ変わっていったようだ。

幼年期の確執を経て和解した母との絆

ビジュアルの重要性を理解してか、政宗はファッションによるパフォーマンスが少なくなかった。たとえば秀吉の小田原攻めの際のこと。

政宗は一揆を裏で扇動しているのではという疑いをかけられた。そこで白の死に装束を身につけ、金箔で覆った磔台《はりつけだい》を押し立てて秀吉のもとに向かうというド派手なパフォーマンスを繰り広げ、天下人たる秀吉の度量にかけた。受け入れる秀吉もさすがである。

前述の通り、母・義姫は政宗を大変嫌っていたという。これは天然痘で容貌が損なわれたことに加え、夫である輝宗《てるむね》を殺したのが政宗ではないかと疑っていたことが原因とされる。代わりに弟の小次郎《こじろう》を溺愛し、ときには政宗の食事に毒を盛ったこともあった。

この事件の後、政宗は朝鮮出兵に参加し、母は実家に身を寄せた。距離を置いたことが良かったのか、修復不可能な状態にまで悪化していた親子関係は回復を見せる。海を隔てて手紙をやり取りすることもあった。日本に戻ってからも頻繁に会うようなことはなかったが、上杉家と母の実家である最上《もがみ》家が争った際には援軍を送りもしている。

政宗は最終的に老いた母を引き取り保養所も建てた。彼女の菩提寺・保春院《ほしゅんいん》には政宗の手により作られた、母の位牌が残されている。

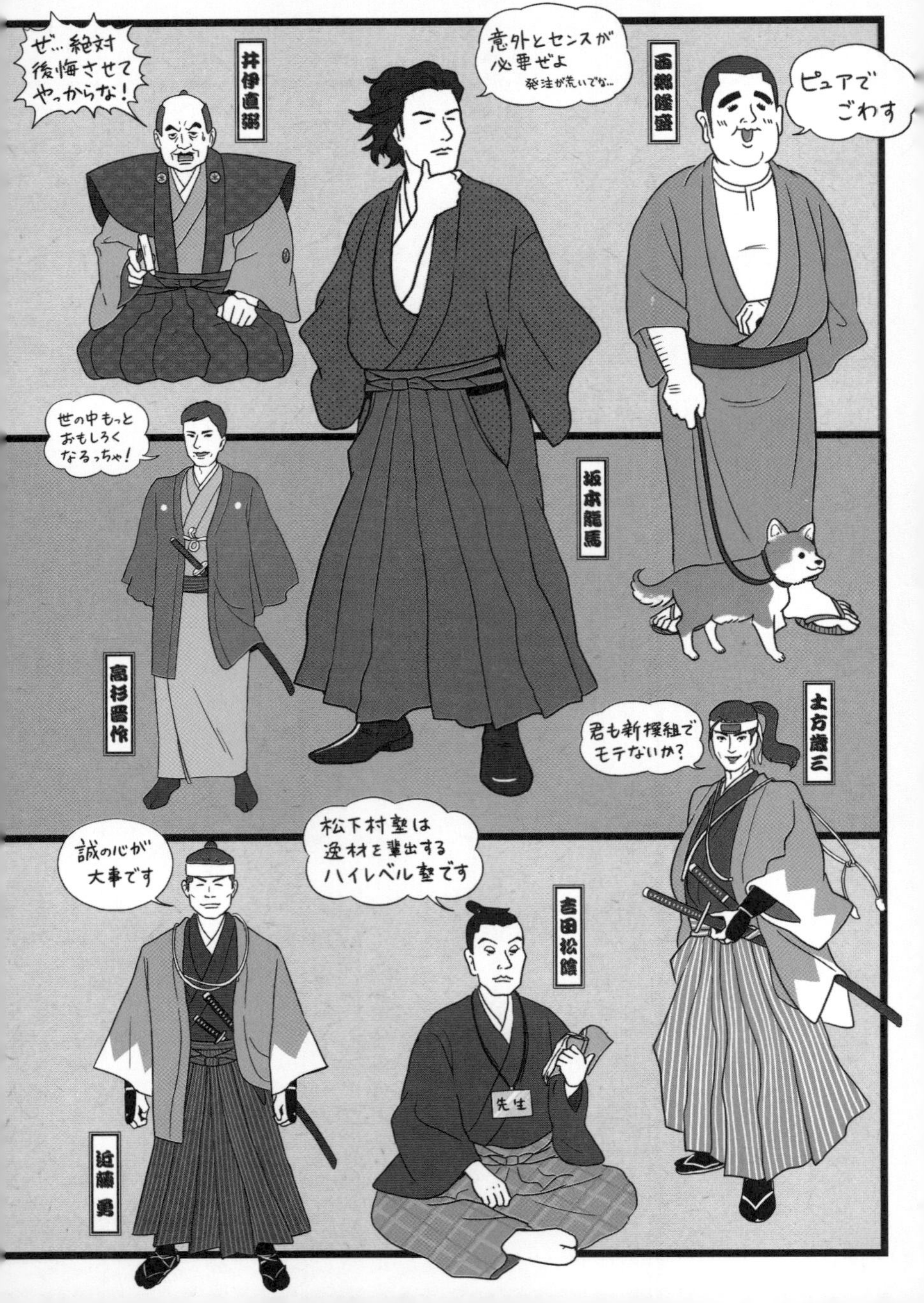

ピュアで ごわす
西郷隆盛
意外とセンスが 必要ぜよ
発注が荒いでな…
ぜ…絶対 後悔させて やっからな！
井伊直弼
坂本龍馬
世の中もっと おもしろく なるっちゃ！
高杉晋作
君も新撰組で モテないか？
土方歳三
松下村塾は 逸材を輩出する ハイレベル塾です
吉田松陰
先生
誠の心が 大事です
近藤勇

Chapter 2

江戸・幕末

維新三傑

西郷隆盛《さいごうたかもり》

愛されおじさんの正体は……

何も考えていない少年

大河ドラマじゃわからないリアル西郷《せご》どん

懐が広く愛され力もものすごい西郷隆盛。ドーンとガタイがよく眉毛バーンな風貌からしてもう、見ただけで安心しちゃう!!　という人も多いだろ

PROFILE

幕末から明治初期の政治家。維新の三傑の一人。大久保利通《おおくぼとしみち》とともに薩長同盟を成立させ、戊辰《ぼしん》戦争では総参謀として活躍。征韓論争に敗れ下野したのち、西南戦争の首領となるも、新政府軍に大敗し鹿児島にて自害。

う。しかし実際のところは、単に何も考えていないという説も……。さらにはいちいち極論に走りがちなので「もう無理！」ってなったらいきなり「やってられんよぉ」と言い出すところも。ひょっとして西南戦争もその流れ!? というわけで、西郷隆盛の人となりを見ていこう。

西郷は薩摩藩の下級藩士の家に生まれた。やがて、改革派の藩主・島津斉彬《しまづなりあきら》の目に留まり、明治維新の立役者として活躍するようになる。その西郷の歴史上の功績としてよく知られているものが薩長同盟成立と江戸城無血開城である。

西郷隆盛がいなければ江戸の町が戦場に!?

薩長同盟は、非常に仲が悪かった薩摩藩と長州藩が対立を乗り越えて共通の目的である倒幕のために結んだ盟約である。これにより幕府を倒す勢力が1つにまとまり、明治維新の実現につながった。江戸城無血開城については、新政府軍による江戸城総攻撃の直前、西郷が幕府側の勝海舟《かつかいしゅう》と膝を突き合わせて交渉したことで実現に至った。江戸城が無抵抗で明け渡されることになったからこそ、江戸の町が救われたのだ。

そうした功績の大きさからか、鹿児島では今でも神様のように慕われているという話もある。西南戦争で命を落としたのちも、実はロシアに亡命していて1891年に戻ってくるという噂も広まったとか。そんな伝説を生むようなスケールの大きな人物なのだが、実際はどういう人物だったのだろうか。

実際はどう？　ありのままの西郷隆盛

とにかく器が大きく太っ腹な人、という人物像を窺わせるエピソードが薩長同盟時の話。薩摩藩と長州藩はどちらも倒幕のために同盟を結ぶ大切さはわかっていつつもメンツにこだわっていた。連日宴会が催されたがなかなか話が出ない。

たまりかねた長州藩がつい「芋から先に言え」と言ったものだから、芋呼ばわりされた薩摩藩も黙っていられない。一瞬で緊張が走ったそのとき、西郷が爆笑したことで一気に場がなごみ、同盟に向かって話が進んでいったとか。

愛され力も西郷を語るキーワードの1つだ。どんな立場の人でもたちまち虜《とりこ》にしてしまう魅力があった。

あるとき明治天皇が臨席する晩餐会で軍が参加した際、西洋料理のマナーを一切知らない西郷は「われわれは軍人なので粗忽《そこつ》があったらお許しを」と言って両手でスープ皿を持ち、口をつけてチュウチュウと音を立てて吸い始めた。明治天皇は失礼だと思うどころか、飾らない人柄に好感を持ったとか。西南戦争のときの部下は「一日（西郷）先生に接すれば一日の愛が生じる。三日先生に接すれば三日の愛が生じる」と発言していたそう。

部下がそう言うのも無理はない。犬を連れて鹿児島城下のうなぎ屋さんを訪れたときのこと。西郷は、自分の分と犬の分、二人前のうなぎを注文した。それだけでも驚きだが、食べ終わって店に置いてきたお代は10円、なんと50人前の値段である。驚いた主人は店を出た西郷を追いかけてお金を返そうとしたが、西郷はこう言ったという。

「取っておいてください。ちょくちょくうちの書生が厄介になるそうだから」

ただ、薩摩藩出身でのちに歴史学者となった重野《しげの》安《やす》繹《つぐ》は「世間の人は大変度量の広い人のように思っているが、それは表面だけで、敵を作る性質である」「指導力はあるが、度量が狭く若者たちを死地に赴かせてしまう」と評し、坂本龍馬《さかもとりょうま》も西郷について「西郷は馬鹿である」としている。

そんな西郷は、若き日には故郷の薩摩藩にも裏切られ、自殺を決意したことがある。しかし助かってしまった。そこで西郷は、天に生かされた命を捨てるのはやめて、全うする覚悟を固めた。

天を敬い、人を愛すという「敬天愛人《けいてんあいじん》」の言葉が、西郷の生きる指針となった。

土佐藩郷士

坂本龍馬《さかもとりょうま》

幕末のヒーローはフリーメイソンの一員で……

実はただのパシリ？

PROFILE

幕末期に活躍した志士。尊王攘夷《そんのうじょうい》運動に参加したが、脱藩し勝海舟のもとで航海術などを学ぶ。勝の紹介で西郷隆盛を頼り亀山社中を設立。薩長同盟締結を仲介したのち、山内《やまうち》豊《とよ》信《しげ》を説得して大政奉還を実現。

そんなにスゴくなかった!? 偶像としての坂本龍馬

幕末のヒーローとして名高い坂本龍馬。龍馬研究が進むにつれ、そのヒーロー像は司馬遼太郎の小説『竜馬がゆく』で日本人に植え付けられたものであり、実際はそんなにスゴくなかった!? ということがわかってきている。龍馬ファンの夢を壊すようだが、そのあたりを紐解いてみよう。

龍馬と言えば日本の将来を構想し「船中八策《せんちゅうはっさく》」を策定、これがもとになって大政奉還《たいせいほうかん》が行われたと一般によく知られている。だが龍馬がこれを発案したという証拠はなく、むしろ当時の世の中ではこの思想が常識だったという。

さらには龍馬が薩長同盟の立役者だったというのも実証に乏しい。西郷隆盛が連絡係として起用した、つまり単なるパシリだったというのが事実と見られている。

そもそも彼の知名度は低く、徳川慶喜《とくがわよしのぶ》が龍馬の存在を知ったのは明治に入ってからだったという話も……ああ、イメージが壊れていく!

ただ、西郷隆盛は「坂本龍馬ほど度量が広い人物はいない」と高く評価している。また長州藩士・三《み》吉慎蔵《よししんぞう》も「一見すれば勇ましい男だが、常に落ち着いてことをなす人物である。何物にも物怖じしない強い精神力を持っていた」と語るなど、優れた資質を持っていたことは確かなようだ。土佐藩士からも信頼は厚い。

また、残された手紙からは繊細な一面を窺わせる記述も残されている。たとえば3歳年上の乙女《をとめ》という姉がある日、龍馬のもとに手紙を寄越してきたときのこと。「夫との仲がうまくいかず離婚したし、もう、山の奥にでもこもって出家したい」と言う姉に対し、龍馬は叱りも説き伏せることもせず、ユーモアと笑いがたっぷりの手紙を返したのだ。ふさぎ込んだ姉を励ますには、それがベストと見込んでのことだろう。

誰が龍馬を報復で暗殺したのか!?

龍馬は1867年、土佐藩邸近くの近江屋で密談中に乱入してきた男7人に暗殺されている。新撰組メンバーや元京都見廻組《みまわりぐみ》の人間が犯人として浮上するも、決定打に欠けた。ほか、武力倒幕を目指していた薩摩藩が穏健派の龍馬を疎ましく思って暗躍したという説、土佐藩の内部犯行説など真相はいまだに藪の中である。

龍馬と言えば革命家の一面とは別に、海外貿易を行う実業家としての一面もよく知られている。イギリス人貿易商のトーマス・グラバーと取り引きし、洋式銃など大量の武器を調達してはかなりの儲けを稼ぎ出していたのだ。

その蜜月ぶりはグラバーのバックアップなくして龍馬の成功もない、と言われるほどで、グラバー自身も薩長同盟に深く関わりを持っていた。それは、薩摩藩や長州藩の人間をヨーロッパに密航させるなどの便宜をはかるほどであった。

一方幕府側はフランス人駐日大使のレオン・ロッシュからフランス式の武器を仕入れていたため、倒幕派と幕府の戦いは、言ってみればイギリスとフランスの代理戦争のような様相も呈していた。

さて、このグラバーとロッシュはともにフリーメイソンの一員だったという話がある。現に現在「グラバー園」として観光客に公開されているグラバー邸の敷地内にはフリーメイソンのシンボルが刻まれた石碑もある。龍馬もまたメンバーとなり、本格的な対外貿易を企てていたというのは、うがちすぎだろうか。

やっぱり龍馬が日本を救った!?

ロッシュの狙いはビジネスに留まらず、日本が内乱により分裂したところを植民地としておいしくいただきます、という心づもりであったという話もまことしやかにささやかれている。

龍馬はこれに気づいたからこそ大政奉還をすすめて内乱を防いだ。しかしこれにより武器が売れなくなったグラバー商会はのちに倒産するほど業績が悪化。それを恨んで暗殺したという説もある。

ちなみにグラバーは明治維新後に東京に移り住み、伊藤博文《いとうひろぶみ》が用意した住まいにタダで住み、三菱本社の顧問を務めたり、のちに三菱に払い下げられるドックを作ったりと、近代日本の経済界に多大な影響を与えた。何をどこまで信じるか信じないかは、あなた次第である。

将軍

徳《とく》川《がわ》吉《よし》宗《むね》

清廉潔白イメージ崩壊の隠し子騒動

8代将軍は元チャラ男

大胆な経済政策　質素倹約で改革

できることなら〝なかったこと〟にしたい！　過去の趣味から恋愛のイザコザまで、いわゆる黒歴史の1つや2つは誰にでもあるはず。ただ偉人や英

PROFILE

徳川幕府8代将軍。江戸幕府の財政を立て直すべく、享《きょう》保《ほう》の改革を実行。米価対策に特に力を入れたことにより、米将軍のあだ名がつく。実学を奨励し、洋書の輸入緩和も進めた。幼児期は手に負えないほどの暴れん坊だった。

雄の黒歴史には、その人の隠された一面やこれまで見過ごされてきた歴史の真実が埋もれているかも……ということで、ターゲットは暴れん坊将軍こと、江戸幕府8代将軍・徳川吉宗である。

吉宗といえば松平健が演じる大人気時代劇のヒーローであり、清廉潔白なイメージで有名。実際の吉宗もなかなか有能な将軍だったという。

大胆な経済政策を行い、優秀な人材を登用して、傾きかけていた財政の立て直しに成功。目安箱を置いて民衆の声に耳を傾け、江戸の消防団・町火消を作ったり無料の医療施設を設けたりと、江戸の治安や福祉にも力を注いだ善政ぶり。将軍というトップの座にいながらも着物は木綿、食事は一汁二菜と質素倹約に努め、皆の手本になるよう心がけていたと伝えられている。

こんな上司にならついていきたい、まさにリーダーの鑑《かがみ》と言っても過言ではないだろう。

降ってわいた隠し子騒動。真相はいかに!?

ところがあるとき、そんな吉宗の清廉潔白なイメージが音を立てて崩れるトホホな黒歴史が発覚してしまう。江戸を騒然とさせた将軍のスキャンダルが起きたのは1728年の夏だった。江戸市中に妙な噂が流れたのである。

「南品川宿に、天一坊改行《てんいちぼうかいぎょう》と名乗る山伏がいる。この男は、なんと将軍・徳川吉宗公のご落胤《らくいん》(隠し子)で近々、大名に取りたてられて一国の主になるらしい」

噂を聞きつけた人々は、恩恵にあずかろうと男のもとに群がり、金品を差し出す者まで現れた。天一坊は表に「徳川」の表札を掲げて浪人たちを集め、家臣として召し抱えただけでなく役職まで与え始めたのだ。

家臣がこのような不届き千万の行為を認めるわけにはいかぬとばかりに吉宗に報告したところ、なんと吉宗からは「覚えがある」という返事が返ってきたのだ。

元チャラ男だからできる善政もある

実は吉宗、若い頃はいろいろな女性と浮名《うきな》を流したプレイボーイ、要するにチャラ男だったのだ。将軍家の親戚に当たる紀州徳川家の四男だった吉宗は、若い頃はお世継ぎのスペアである「部屋住み」の身分だった。将軍になってからは1人で外出などできようはずもないが(ドラマではしているが……)、若い頃は城下町でナンパくらいしていてもおかしくない。天一坊が本当に隠し子である可能性もなくはないが、一度でも認めてしまうと、同じようなことをやる人間は後を絶たないだろう。結局、幕府は天一坊を捕らえて死罪とし、往来に首をさらして見せしめとしたのだった。

果たして隠し子というのは真実だったのか?

天一坊は最後まで自分は将軍のご落胤だと言い張っていたそうだが、「将軍から刀をもらった」「近々大名になる」と明らかなウソをついていたことから、ホラだと判断されるに至ったのである。

この一件で将軍の黒歴史は完全にアンタッチャブルな話題となり、それ以降隠し子を名乗る人間は現れなかったということだ。

ちなみに、吉宗は将軍になったあと、幕府の財政改革の一環として大奥の女性を50人もリストラしているという。このとき、吉宗はあえて美人を選んで辞めさせたという。美人であれば大奥をクビになっても、良い貰い手が現れるはず……というのが理由だが、本人たちとしても「美人だから選ばれた」と言われれば文句は言えないはず。元チャラ男ならではの配慮と言えるかもしれない。

そして、常識にとらわれない吉宗だったからこそ、江戸幕府は長く続いたという見方もある。吉宗が将軍になった時代は、江戸開府から110年あまり。政治も経済も停滞しているなか、世情に明るい吉宗は庶民のための政策を数多く実施している。小石川養生所設立や町火消の創設も吉宗の時代のこと。質素倹約で庶民の娯楽を取り締まる一方、庶民に花見を広めたのも吉宗である。チャラ男もここまでくれば大したものだと言えるだろう。

新撰組副長

土方歳三《ひじかたとしぞう》

今もモテてるけど、当時からモテモテでね……

モテ自慢したがりの田舎者！

素顔の幕末ヒーローは本当に「鬼」だったのか？

幕末を駆け抜けたヒーローとして絶大な人気を誇る土方歳三。新撰組は近《こん》藤《どう》勇《いさみ》を局長とし、土方は副長として近藤の右腕となり、京都の治安維持にあ

PROFILE

幕末期の幕臣。京都で反幕府勢力を取り締まっていた新撰組の副長として有名。規律に厳しく鬼の副長と呼ばれる。鳥羽・伏見の戦いに敗れて以降、蝦夷地の箱館に逃れたが、五稜郭《ごりょうかく》の戦いにて流れ弾に当たり戦死。

たった。実際の指揮命令は副長の土方から発信されていたという。その情け容赦のない厳しさゆえに「鬼の副長」と呼ばれ「沈着冷静」「怖い」というイメージが定着している。しかし実際は「案外、舞い上がってしまうタイプだったかも?」という一面が語られている。

1863年、京都に上った年に、土方が生まれ故郷の友人に送った手紙がある。そこには、どれだけアツい志が書かれ……と思いきや、書かれていたのは自分がどれだけ女性にモテモテなのかという自慢話だった。少し、見てみよう。

モテモテ自慢が激しい田舎のお兄ちゃん

「私がお国のために働く男だということで、女性がたくさん慕ってきて、手紙に書ききれません。まず、京都では、島原の花君太夫。それに天神という女に一元という女。祇園では芸者が3人ほど。北野では、君菊という舞子と小楽という舞子。大坂の新町では、若鶴太夫の他にも2~3人。北の新地にいる女といえば、もう、たくさんすぎて書ききれません」

確かにイケメンゆえに女性から人気は高かったというが、わざわざこんな話をひけらかすって……完全に舞い上がっているとしか思えない! しかもちょっと上京したての田舎者っぽさが丸出しのような気も。

若くして亡くなった土方だが、後には、仏のように優しく人間味あふれる人だったとも言われている。「鬼の副長」というのは、荒くれ者の寄せ集めのような新撰組をまとめるために作った、1つの顔でもあったのだろう。組の中で作られたルールは非常に厳格であり、それに反した者はどんどん粛清されるに至った。

「幕府のために」戦い続けた人生

土方の生涯を少し振り返ってみよう。生まれは武蔵《むさし》国、「お大尽《だいじん》」と呼ばれるほど裕福な旧家に生まれついた。10代の頃から呉服店や木綿問屋に奉公したものの、番頭とケンカをして飛び出し、40㎞もの道のりを歩いて帰ってきてしまったり、はたまたモテたがゆえに女性を妊娠させるなどのトラブルで辞めてしまったりと、割とやりたい放題というか……とはいえこのあたりは、信憑性が疑問視されている部分でもある。

そのうち生家の薬の行商を行いつつ、古武道の天然理心流《てんねんりしんりゅう》に入門。当時は動乱の時代、治安悪化によりこうした剣術が人気を博していた。結局、これが近藤勇との出会いとなり、新撰組へとつながっていく。

池田屋事件と蛤御門の変で名前の売れた新撰組だが、彼らを預かる会津藩や幕府の状況は次第に悪化していく。鳥羽・伏見の戦いでは敗北し、慶喜には戦う気がまるでなく恭順の意を示す。はっきり言って、新撰組は存在意義を問われるまでになってしまったのだ。

近藤勇も捕縛・斬首され、土方は次第に追い詰められて会津へ向かう。会津藩が降伏間近になるとさらに北上した。

戊辰戦争最後の戦いである箱館戦争では、土方歳三をはじめ旧幕府の海軍を率いる榎本武揚《えのもとたけあき》らが明治政府の処遇に反発し、五稜郭を拠点に新たな政権を樹立した。これを許さない明治政府との間で戦争が勃発したのだ。新政府軍の圧倒的な武力の前に土方は流れ弾を受けて戦死、榎本は五稜郭を出て降伏し、1869年に箱館戦争は終結した。

土方歳三、35歳での死であった。

ちなみに終戦は実にあっけないものだった。五稜郭に立てこもる幹部たちが集まり、新政府軍から申し入れてきた降伏の勧告を受け入れるかどうか協議した際のことである。「最後は、城を枕に戦って死のう」と結論が出たその時、大鳥圭介《おおとりけいすけ》が「死のうと思えばいつでも死ねる。今度は一番、降参、としゃれてみてはどうか」とのたまった。この一声を契機に、方針は180度転換したという。「鬼の副長」が聞いたらなんと言っただろうか。

長州藩士

高杉晋作《たかすぎしんさく》

父「上海に行ってアイツは変わっちまった……」

ハタチを過ぎて反抗期!?

上海留学で日本のために孝を捨てる

江戸時代後期の長州藩士として幕末、尊王攘夷《そんのうじょうい》の志士として活躍した高杉晋作。18歳で松下村塾《しょうかそんじゅく》に入門し、吉田松陰《よしだしょういん》も「事を議するときはまず晋作

PROFILE

幕末期に尊王攘夷の志士として活躍。松下村塾で学び奇兵隊を結成。下関戦争では講和にあたるが、のちに藩論を倒幕に統一。長州征伐にあたった幕府を負かすなどの活躍をしたものの、志半ばにして肺結核で死亡。

を呼んで決める」と言ったほど信頼していたという。一方、激しい気性や奔放な性格ゆえに仲間からは「鼻輪も通さぬ放れ牛」と呼ばれもしていた。

1859年に松陰が処刑されると、門下生たちは尊王攘夷運動に向かう。しかし高杉はなぜか運動に参加せず、沈黙を守っていた。のちに同門の久坂玄瑞《くさかげんずい》のもとに送られた手紙により、その理由が明らかとなる。曰く「父から尊王攘夷運動への参加を戒められ、背くという不孝は許されない」ということであった。

高杉は名家の嫡男であり、さらに当時は儒教の考え方が浸透していたため「孝」、つまり「父母を大切にする」という発想は絶対的なものだった。そのため高杉は父に言われるまま防長一の美人と名高かった山口町奉行の次女、まさと結婚。藩士として平凡な人生を送り、親孝行を果たし……という流れにはならなかったのが高杉という男である。

彼は1862年に幕府使節随行《しせつずいこう》員として上海へ留学し、アヘン戦争に敗れ欧米の植民地となりつつある清《しん》の光景を目の当たりにする。そして「幕府が今のまま政治を行っていたら、日本も清の二の舞になる」と強く思ったのだ。

開き直りとはぐらかしで日本を救う

帰国後、高杉は父と決別し、奇兵隊を結成して長州を一気に倒幕ムードに染め上げる。親不孝をしてでも尊王攘夷を成し遂げたい、それが高杉の思いであった。

1864年、長州藩は下関戦争でイギリス、フランス、オランダ、アメリカの四カ国連合艦隊にこっぴどくやられてしまう。戦後、その講和の交渉に立ったのが高杉晋作、まだ24歳であった。立ち会ったイギリス公使の通訳、アーネスト・サトウは後日、高杉のことを「高杉は魔王のように傲然《ごうぜん》としていた」と書き残している。負けた側であるにもかかわらず態度がデカすぎる高杉。外国の代表が呆れ顔で「あなた方は、降伏するために来たのでしょう」と言うと、高杉は力強く言い返したという。

「我々は負けたわけではない。確かに砲台は破壊され、大砲は失った。しかし、我々には、まだ数万の兵を動員する力がある」

さらにはイギリスが下関の彦島を99年間にわたって借りたい、と申し出たとき、高杉は朗々と『古事記』を暗唱し始めた。

「そもそもわが日《ひ》ノ本《もと》の国は、遠く神代の昔、イザナギ・イザナミの二柱のミコトが現れたまい、天《あめ》の浮橋《うきはし》に立ちたもうて、天のぬぼこをもって海を探るや、その矛の先より、しずくしたたり落ちて島となった……」

面倒くさいヤツが出てきたと、これにはイギリス側もうんざり。結局、彦島を借りたいという申し出を取り下げることにした。後に、伊藤博文が下関を通ったとき、当時のことを思い出して「あのとき、もし高杉がいなければ、力関係から考えて、彦島の租借要求に従っていたかもしれない。そうすれば、中国の香港と同じ運命になっていた。危ないところだった」と語っている。

清の有り様を自分の目で見て確かめた高杉。仮に応じていれば、中国にとっての香港のようになっていたかもしれない。なんとしても応じてはならぬと、奇策に出たというわけだ。

長州藩をまとめた功績、そして早すぎる死

一時は徳川幕府に対して抵抗した長州藩だが、蛤《はまぐり》御《ご》門《もん》の変で散々な負け方をすると幕府に従うムードが強くなってきた。幕府に歯向かおうと主張する人々を徹底的に排除したほどである。

一時九州に逃れていた高杉晋作は下関の功山寺《こうざんじ》へ帰ってメンバーを説得するも、賛成する者はいなかった。そこで高杉は言う。

「今の場合、一里行けば一里の忠を尽くし、二里行けば二里の義をあらわす。一日たりとも、安閑としている場合ではない」

この声にまず伊藤博文が立ち上がり、総勢80名余りが後に続いた。この流れがあってこそ、長州藩は再び倒幕を目指したのだ。

高杉は結核により、惜しくも29歳で夭逝《ようせい》した。日本のために駆け抜けた、短い人生であった。

思想家

吉田松陰《よしだしょういん》

PROFILE

幕末期の尊王論者。ペリーの黒船に密航しようとして失敗し、入獄。謹慎中に松下村塾で高杉晋作や伊藤博文らに尊王攘夷論を説く。幕府批判を強めたため二度の入獄ののち、安政の大獄により死刑となる。

ペリーも驚いた最高にヤバい奴

マジでクレイジーな密航先生

思い立ったら命も惜しまず……

長州藩士にして思想家、教育者でもあった吉田松陰。明治維新の精神的指導者、倒幕論者として知られ、私塾「松下村塾」では明治維新で功績を上げた

多くの若者を教えた。

「己に真の志あれば、無志はおのずから引き去る　恐るるにたらず」「死して不朽の見込みあらばいつでも死ぬべし　生きて大業の見込みあらばいつでも生くべし」といった名言を多数残し、偉人や人格者といった印象を抱いている人も多いかもしれない。しかしその人生をたどってみるとなかなかパンチのきいたクレイジーな伝説が多々残されている。

たとえば21歳のとき、親友の宮部《みやべ》鼎蔵《ていぞう》と東北旅行を計画した際のこと。当時は他の藩に行くときは許可を得て旅行していることを証明した通行手形を用いる必要があったが、長州藩に申請したもののなかなか発行してもらえない。

そのまま約束の日が来てしまった松陰はあろうことか、死罪をものともせず脱藩したのである。友人としても勘弁してほしいところだろう。

入獄5回！　クレイジーすぎる人生

1854年1月、前年にペリー提督率いるアメリカ合衆国海軍東インド艦隊が来航したのに続き、再びペリーが浦賀に現れた。前年同様に日米双方が友好的な態度で接するなか、松陰はまたもやクレイジーすぎるアクションを起こす。

どういう思考回路が働いたのか「アメリカに留学できるチャンス！」とひらめいてしまい、密航を試みたのだ。外国に負けない国を作るためには外国に学ぼう――その熱意をそのまま貫いた松陰は思いつきで弟子・金子《かねこ》と小舟を盗み、下田に移動していたアメリカ艦隊に横づけ。黒船のうちポーハタン号のデッキに乗りこんだのだった。

松陰はもちろん追い返されるのだが、その行動力にはペリーも大変驚いたのだとか。「日本人の激しい好奇心をこれ程表すものは他にない」と日記に書き残している。一方で松陰は投獄され、「かくすれば　かくなるものと知りながら　やむにやまれぬ大和魂」と一句詠んだ。誰もが「わかっていたのかよ……」とツッコミたくなる内容である。

最後には老中暗殺計画を立ててそれを役人にペロッと話し、また入獄。しかし学問への志冷めやらず、松陰は獄中で読書と思索を行い『孟子』の講義を行った。それにより獄中の風紀が明らかに改善したことで実家に戻り、松下村塾で若者の育成にあたったのである。期間は実質2年半程度。そのわずかな期間で、彼は後世に残る偉大な影響を与えたのだ。最終的には安政の大獄で処刑される。松陰、早すぎる29歳の死であった。「その破天荒さで、よく29歳まで生きられたな……」と見る向きもあるかもしれないが、早すぎる死であった。彼の弟子たちが力を尽くして明治維新の偉業を果たしたのは、それから9年後のことである。

クレイジーな人格を作ったスパルタ教育

いったいどうしたらこんなクレイジーな人間ができるのか。松陰の子ども時代を振り返ってみると、叔父の玉木文之進《たまきぶんのしん》によって大変なスパルタ教育を受けていたという。玉木は長州藩士だったものの無役で自宅におり、有り余った時間を活用するために松下村塾を開いた。松陰がやっていた松下村塾の元祖を作った人物とも言える。

玉木の持論は「侍は自然と生まれてくるものではない。侍とは、作るものだ」というストロングスタイル。それを表す逸話が残されている。

ある日、玉木がまだ幼い松陰に勉強を教えていたときのこと。松陰の顔に虫がとまったため、松陰はその虫を手で払おうとした。すると玉木は「勉強中に虫に気をとられるとは何事か!」と激しく怒って、松陰を殴り飛ばしたという。

ほかにも書物の開き方がザツだった、肘が緩んでいた、といった理由で殴り飛ばしては後からその理由を教えたという。

現代であれば即訴えられそうなものだが、こうしたスタイルがどんなに高い壁があろうとも諦めない、類いまれなる知的探求精神を養ったのかもしれない。

新撰組局長

近藤勇《こんどういさみ》

見よ！　これが幻の高速土下座だ

全新撰組が涙した ペコペコ局長

PROFILE

幕末期に活躍した新撰組の局長。京都を守る傍ら尊王攘夷派の取り締まりと弾圧にあたる。鳥羽・伏見の戦いで敗戦後、江戸にて甲陽鎮撫隊《こうようちんぶたい》を結成。勝沼で政府軍と戦ったものの流山で降伏し、処刑された。

土下座姿で信頼を得る！ ペコペコ処世術

新撰組と言えば鬼の副長と呼ばれた土方歳三が有名だが、局長である近藤勇の存在も忘れてはいけない。大らかなタイプのリーダーであったと言わ

れ、近藤と出会った幕末の市井《しせい》の人々は、口を揃えて「いつもニコニコしている、いい人だった」と証言している。

近藤と言えば頭の下げっぷりの良さでも知られている。新撰組の資料を探すと実によく借金に関するものばかり見つかるそうだが、これは近藤が隊士たちに給料を支払うためにいろいろなところに頭を下げていたため。プライドやメンツといったものを気にすることなく、必要とあれば潔く頭を下げる「ペコペコ処世術」が彼を信頼されるリーダーたらしめていたのである。

他人に対してだけでなく、同志たちに対しても頭の下げっぷりは同様だった。幕府の求めに応じて浪士組に加わった近藤たちが京都へ向かった際、近藤は道中を先回りして隊士たちの宿を手配するという役割を担うことになった。隊士と一口に言っても、総勢200人以上。なかなかの労力が必要とされる役割である。

しかし、人間にミスはつきもの。途中の宿場町で事件が起きてしまった。不手際で宿の手配を一部忘れてしまったのだ。不運は重なるもので、その忘れた分というのがよりにもよって粗暴なふるまいが絶えない人物、芹沢鴨《せりざわかも》たちの分だったのだ。

烈火の如く怒る芹沢に近藤は潔く詫びたものの、芹沢は許そうとはせず散々なじり、ついには「今夜はここで野宿をする!」と往来で火を燃やし始めた。近藤はその間、そばに座り込んで「この通りでござる」とずっと頭を下げていた。

その姿は多くの隊士の目に焼きつき、「なかなかあの真似はできぬ」「近藤さんは大した人物だ」と言われ、近藤への信頼度は向上したのだとか。京都に着く頃には、数名の隊士が近藤のもとに集まるようになっていたという。これぞペコペコ処世術のなせる業《わざ》と言えるだろう。

ちなみに芹沢はこの事件の後も「すれ違った力士が道を譲らなかったから」と彼らをボコボコにしたり、好きになった芸妓《げいぎ》が肌を許さなかったため、怒って店を破壊すると脅したり、彼女たちを断髪させたりしている。最終的には女性と同衾《どうきん》しているところを襲われ、ズタズタに斬り殺されて死んだ。犯人やその目的などは明らかになっていないが、近藤一派の仕業という説が有力だ。

できないことは助っ人で！　ちゃっかり処世術

近藤勇は新撰組結成前、天然理心流という古武道のあとを継ぎ「試衛館《しえいかん》」という剣術道場を開いていた。ここに集まったのが土方歳三や沖田総司《おきたそうじ》、永倉新八《ながくらしんぱち》などのちに新撰組の中心メンバーとなる若者たちである。

当時の近藤は、仲間の拠り所である道場を守るために必死だった。剣の腕は確かであり「真剣を持たせると敵無し」とまで言われる近藤である。のちの天才剣士・沖田総司も近藤にはかなわなかったと言われている。しかしなぜか竹刀《しない》を持たせると真剣のときの神がかった腕前はどこへやら、からっきしダメダメという大きな問題を抱えていた。

そんな近藤の「試衛館」には、ときどき腕の立つ道場破りが現れる。困った近藤がやっていたのは、付き合いのある別の道場に走っていって頭を下げ、助太刀《すけだち》を頼むことだった。その相手は神道無念流《しんどうむねんりゅう》の渡邉昇《わたなべのぼる》という人物だ。道場破りの技量に合わせて彼が運営する「練兵館《れんぺいかん》」の門弟たちに助太刀をお願いしていたという。翌日には、羽織袴の正装で手土産を持ってお礼に行った。助勢した門弟たちの中にも、道場破りを撃退すると振る舞われる酒やごちそうを楽しみにしていた者も多かったそうだ。ごちそうと言っても漬物程度だったらしいが、当時にしてはそれでも格別。まさにウィン・ウィンの関係である。

道は分かれても友情は永遠に

近藤が助太刀を頼んだ渡邊昇は、何を隠そう坂本龍馬と肩を並べるほどの倒幕運動人間である。本来ならば近藤と敵対する立場にあるわけだが、お互いに別々の道を歩んだ後も若き日の友情は続いた。渡邊の身に危険が及んだ際、近藤は「京都を去るべし」と忠告した、という逸話が『渡邊昇自伝』に残されている。近藤は注意を促しつつ「あのときはありがとう」と心のなかで頭を下げていたのかもしれない。

大老

井《い》伊《い》直《なお》弼《すけ》

我慢の末に花開く！

自宅警備員生活気づけば15年！

悪人と思われがちな幕末の権力者の意外な素顔

黒船来航で国内が混乱を極めた幕末。開国に反対する攘夷派が、「安政の大獄」によって次々と処罰されていった。恐怖政治の象徴として名高いこの

PROFILE

彦根藩第13代藩主。黒船来航で国内が混乱する幕末、大老職に就き、政治を一手に取り仕切る。攘夷派の反対を押し切って開国を断行。反対勢力を安政の大獄で弾圧したが、恨みを買って桜田門外の変で命を落とす。

暴政を実行したのが、時の大老・井伊直弼だ。

後に幕府が倒れたことから、悪人として描かれることも多い人物だが、記念すべき大河ドラマ第1作「花の生涯」（1963年）の主人公であり、2017年の「おんな城主 直虎《なおとら》」では、戦国時代を舞台に直弼の先祖にあたる直虎、直政《なおまさ》の活躍が描かれるなど、正当に評価しようとする動きもある。また、井伊家のお膝元・滋賀県の彦根では、名君として人気も高い。

いずれにしても、名門・井伊家出身の極めて有能な人物という見方に異論はないだろう。だが実は、直弼が人生の大半を自宅にこもって過ごした、いわば〝自宅警備員〟だったと聞いたら、イメージが一変するのではないだろうか。その期間、なんと15年にも及んだという。

名門出のエリート街道まっしぐらかと思いきや…

直弼は、彦根藩主・井伊直中《なおなか》の14男。生まれたときには歳の離れた兄・直亮《なおあき》が既に藩主を継いでおり、当主になれる境遇にはなかった。当時、世継ぎになれない大名の子息は、跡継ぎのない他家の養子になることが世に出て活躍する道。兄弟たちは次々と養子となって家を離れたが、直弼だけは側室の子だったこともあってか、なぜか30歳を過ぎても養子の口が見つからなかった。

それはすなわち、仕事がない無職の状態であることを意味する。藩からわずかな生活費を貰って細々と暮らす引きこもりの状態というわけだ。17歳からその惨めな境遇に甘んじるしかなかった直弼は、自らの屋敷を「埋木舎（うもれぎのや）」と名付ける。これは、「自分は、花を咲かすことなく朽ち果ててゆく、埋もれた木のような存在なのだ」という直弼自身の考えを表したものだった。

だが、その悲観的とも言える発想とは裏腹に、直弼は埋木舎で学問や武芸、さらには茶道から和歌まで、あらゆる道について自分の「なすべき業」として研鑽《けんさん》を積んでいく。寝る間も惜しんで修練に打ち込んだ直弼の睡眠時間は、なんと毎日4時間。

その結果、禅の修行では悟りの境地に至り、武芸の抜刀術は新たな流派を創設。茶道でも自分の一派を作った。現在、私たちが日常的に使う「一期一会《いちごいちえ》」という言葉は、直弼が考える茶の湯を一言で表したもので、ここから世に広まっていった。さらに、能と狂言では作者として作品を残すなど、それぞれの分野で非凡な成果を上げている。

ようやく日の目を見たものの、その活躍は短かった…

こうして長い不遇の時を耐え抜いた直弼の人生に、ようやく光が差しこむ。世継ぎに決まっていた兄・直元《なおもと》が亡くなり、家に残っていた直弼にお鉢が回ってきたのだ。32歳の春のことだった。そして迎えた36歳、当主・直亮の死により、ついに井伊家当主に。とはいえ、世継ぎから当主になるまでの間、直亮から陰湿なイジメを受けるという、さらなる苦労も強いられている。

こうして世に出た直弼は、それまで磨き上げた才能を活かし、幕府内でたちまち頭角を現していく。そして、大老の座に就いたのが44歳のとき。だが、卓越した能力をフルに発揮できた期間は短く、それからわずか2年後、桜田門外の変で命を落とすこととなった。

その原因となった開国の判断については、反対派も後に攘夷を断念したことから、正しかったことが証明されている。安政の大獄についても、徳川幕府を支える大老という立場上やむを得ないもので、自らの死を覚悟しての決断だったとも言われる。短かったとはいえ、その活躍がその後の日本の運命を大きく左右したことは間違いない。

人生の大半で日陰の道を歩んできた直弼が、最終的に大老という要職に就くことができたのは、ひとえにその間、未来が見えないにもかかわらず、我慢して自らを磨き続けたからにほかならない。〝自宅警備員〟と言えど、何をするかによって、その後の人生が大きく変わるというわけだ。

直弼の死からおよそ160年。今の世も、自分の力だけではどうにもならない理不尽なことは溢れている。だが、そんなときでも数少ないチャンスをものにできるのは、腐ることなく、やるべきことを見つけて努力した人間なのだ。私たちが直弼から学ぶことは多い。

最後の将軍

徳川慶喜《とくがわよしのぶ》

静岡で過ごした余生と77年間の真実
女子に見とれて大事故発生!?

ちょんまげを落とし、馬を自転車に乗り換えた将軍様

徳川幕府最後の将軍・慶喜が大政奉還を行い、江戸時代に終止符を打ったのは30歳のとき。以降は歴史の表舞台から姿を消したものの、早くも隠居生

PROFILE

徳川幕府第15代将軍。水戸藩主・徳川斉昭《なりあき》の七男として生まれ、幕末の混乱を経て将軍に。体制を立て直そうと幕政改革を試みたが、倒幕の動きに抗いきれず、大政奉還を行い、江戸時代にピリオドを打った。

活に入った彼は、最高権力者としてのプレッシャーから解放されたためか、77歳まで長生きした。その間、47年。つまり、私たちがこれまで歴史の教科書などで学んできた慶喜の姿は、その生涯の半分にも満たないのだ。それでは最後の将軍は、江戸城を出てから亡くなるまでの間、どこでどんな人生を送ったのだろうか。

大政奉還後、江戸を去った慶喜が移り住んだのが、現在の静岡市。屋敷跡には、1枚の絵が残されている。そのタイトルは、「徳川慶喜公　静岡で初めて自転車に乗るの図」。

そこには、スーツを着て帽子をかぶった慶喜が、後輪に比べて前輪が数倍大きい〝ダルマ型〟と呼ばれる自転車に乗った姿が描かれている。ちょんまげを落とした将軍様が跨《また》がったのは、馬ではなく自転車だったというわけ。

自転車に乗った元将軍様は、世間注目の的に

実は慶喜は、新しいものや珍しいものが大好き。趣味は写真撮影に釣り、顕微鏡、油絵、刺繍と実に多彩。食生活ではお米とみそ汁よりもパンと牛乳を好んだ。健康への関心も高く、身体を鍛えるために晩年まで弓を引き続けたという。

そんな慶喜が自転車に関心を持つのは、ごく自然なことだった。初めて手に入れたのは、明治10～12年頃。かなりのお気に入りだったらしく、使用人の日記には、「今日も自転車で運動をした」と慶喜の様子が書き残されている。

慶喜の屋敷が存在した場所は、現在のJR静岡駅北口前だが、そこから6㎞離れた丸子という場所まで自転車で走ることもあったという。現在よりも道路事情が悪く、舗装されていなかった当時、6㎞のサイクリングはさぞかし大変だったに違いない。

それほど頻繁に自転車で外出した慶喜だが、その際にはお供も同行。とはいえ、自転車に乗るのは慶喜だけで、お供は走ってついて行くことに。さすがお殿様。今ならパワハラで訴えられそうだ。

当時まだ珍しかった自転車と元将軍様の組み合わせは、目立つ上に話題性も十分。「徳川慶喜公が東京に自転車を注文し、乗り回している」などと新聞記事にもなった。それればかりでなく、「綺麗な女性に見とれて看板に突っ込んだ」、「お供の者が自転車について行けず、人力車で追いかけた」などの逸話が語り継がれるほど、注目を集める出来事だったようだ。

慶喜がきっかけとなり、静岡に自転車が普及

慶喜の自転車好きは、思いがけない副産物も生んだ。頻繁に自転車で外出した慶喜の姿は、当然のことながら多くの人々の目に留まることとなる。その姿に触発され、静岡では早い時期から市民たちがサイクリングを楽しむようになり、全国的にも珍しいほど貸し自転車が普及したのだ。

また、自転車も乗り物である以上、メンテナンスが必要になってくる。だが当時、そんな技術を持ち合わせた人間はいない。そこで慶喜が抜擢したのが、なんと自分の屋敷のお抱え大工。手先の器用さに目を付けたのだ。後にその大工は、慶喜の勧めにより、静岡県初の自転車店を開業する。

なお、静岡には徳川家康を祀った久能山《くのうざん》東照宮と浅《せん》間《げん》神社が存在するが、その造営にあたって、幕府は全国から数多くの職人たちを呼び集めていた。そこから宮大工や漆職人など、技術を持つ人間が数多く育ち、藤枝《ふじえだ》桐《きり》箪笥《たんす》、駿河雛人形といった伝統工芸が生まれた。それが後に楽器産業や模型産業の発展につながったとも言われ、慶喜のお抱え大工が自転車店を開業したのも、優秀な職人が多かった静岡ならではのことだったのかもしれない。

こうして、慶喜をきっかけに自転車の普及がいち早く進んだ静岡県だが、そこにはもうひとつ、地理的な要因も後押しをした。坂が少ない上に、風が弱くて雪もほとんど降らない静岡特有の環境が、自転車を利用する上で最適だったのだ。

歴史の表舞台から姿を消した最後の将軍・徳川慶喜は、ご先祖様・家康ゆかりの地、静岡で悠々自適な生活を送りながら、人知れずその発展に貢献していたというわけだ。

北町奉行

遠山金四郎《とおやまきんしろう》

思ってたんと違〜う！

入れ墨は桜吹雪ではなく女の生首！

PROFILE

江戸時代の旗本で北町奉行、南町奉行を務めた。本名は景元《かげもと》で、金四郎は実父と同じ通称である。庶民に慕われ、講談や歌舞伎でヒーローとして描かれて、現代でも人気のキャラクターになっている。63歳で死去。

複雑な家庭環境で不良になった青年時代

時代劇のヒーローとして、水戸黄門と並んで人気が高く、中村梅之助、杉良太郎、高橋英樹と、名だたる俳優たちが演じてきたのが遠山金四郎であ

る。遊び人・金さんの正体は北町奉行の遠山景元で、お白洲《しらす》で片肌を脱ぎ、桜吹雪の入れ墨を悪党たちに見せつける！という筋立ては、江戸時代から愛されてきた、伝統芸とも言える痛快ワンパターン活劇だ。

この遠山金四郎景元は、1793年に生まれた実在の人物で、江戸中期に活躍した奉行であった。ところが、本当に桜吹雪の入れ墨をいれていたかは、ちょっと疑わしい。では、金さんはいかにして、庶民に愛される「お奉行様」になったのだろうか。

景元の出自は、少々複雑である。

景元の父で、長崎奉行を務めた景晋《かげくに》は、遠山家の養子であった。だが、養父に跡継ぎの景善《かげよし》が生まれたため、景晋は景善を養子にすることに。後に生まれた景元は、自分の叔父の弟になるのである。つまり景元は実子であるにもかかわらず、遠山家の跡を継げる立場でなくなってしまったのだ。

なんだか、現代でもモメそうな相続話であるが、案の定、宙ぶらりんになってしまった景元は家を出て、およそ10年、町屋で放蕩生活を送るのである。「桜吹雪」のエピソードの元になった入れ墨は、この頃に彫ったものとされている。

本当の入れ墨は、女の生首の図案!?

青年時代の景元は、遊び人というより、ほとんどグレていたようだ。芝居小屋にも入りびたりで、笛を吹く囃子方《はやしかた》なんて仕事もやっていたという。このとき、楽屋でケンカになり、景元が袂《たもと》を捲《まく》り上げると、二の腕の彫り物が露わになったとのエピソードもあるほど。ところが、この彫り物は桜吹雪ではなかった。口に手紙を咥《くわ》えた女の生首が、髪の毛を振り乱しているという、ものすごい図案だったらしい。とはいえ、これも伝聞で、左腕に花模様とか、桜の花びら1枚など、さまざまな説があるのだが。

結局、景元は、家に呼び戻されて結婚。このあたりから風向きが良くなってきて、兄である景善が55歳で亡くなると幕府に出仕。徳川家慶《いえよし》の世話役も務め、家督も相続するのである。その金さんが北町奉行になったのは1840年だ。

ところが奉行生活は順風満帆ではなかった。老中・水野忠邦《みずのただくに》が実施した天保の改革では、株仲間解散や吉原の移転だけでなく、女浄瑠璃を演目にしている寄席の営業停止の決定に対し、町人の娯楽を奪うことになると反対し、南町奉行の鳥居耀蔵《とりいようぞう》らと対立してしまうのである。その頃、芝居小屋が2件続けて火事になる事件も起きており、状況は厳しかったが、なんとか浅草への小屋移転だけに留めることに成功。それは人気が出るはずである。これに恩義を感じた芝居小屋が考え出したのが、「遠山の金さん」の原型だとされる。

誰にも見せなかった入れ墨

結局、景元は、政争に負け奉行から大目付に転じたが、忠邦らが失脚後、南町奉行として復帰を果たす。南北両方の町奉行を務めたのは極めて異例なことであった。

ところで、金さんは、本当に名奉行だったのだろうか。あるとき、お白洲で、遊蕩時代の顔見知りを裁いたことがあった。景元は気軽に声をかけたが、裁きとプライベートのけじめをつけ、きっちりと裁いたらしい。さすがに時代劇のような難事件を解決はしなかったが、かつて面倒を見た将軍・徳川家慶から裁きぶりを褒められるほど、堅実な仕事をする奉行だったのだ。

ただし、江戸城に登城したときは間違っても肌を出さなかったし、家で風呂に入るときにも、愛妾《あいしょう》以外には誰にも背中を流させなかったという。もっとも、当時は彫り物を入れる専門の職人はいなかったため、仲間同士でお互いに彫り合う素人仕事で、景元の入れ墨も人に自慢げに見せられるような代物ではなかったとも言われている。

若い頃にヤンチャしていたおかげで社会の裏を知り、庶民の気持ちをわかっていたこと。それが180年近くのちの現在まで慕われ、ヒーローになっている理由なのだ。

水戸藩主

徳川光圀《とくがわみつくに》

PROFILE

江戸幕府の開祖・徳川家康の孫で、水戸藩2代目藩主。日本の歴史をまとめた歴史書『大日本史』の編纂に着手した。光圀の「光」は将軍・家光の一字を譲り受けたもので、将軍家との関わりも深く、名君として知られた。

若き日の傍若無人な暴れっぷりとは!?

水戸黄門は元ヤンキー!?

手に負えない乱暴者だった青春時代

偉業を成して歴史に名を残した人物は、しばしばそのときのイメージだけで語られがちである。だが、彼らにも数十年にわたる人生があり、無名だっ

た若き日には、えてして私たちが想像もつかないような破天荒な振る舞いや失敗を経験しているものだ。

その1人が徳川光圀。ご存じ、〝水戸のご老公〟水戸黄門である。江戸幕府の開祖・徳川家康の孫で、御三家の1つ、水戸藩2代目藩主を務めた。日本の歴史をまとめた『大日本史』を編纂したことでも知られる。加えて、悪人を懲らしめるテレビドラマのイメージから、「学問に熱心で、正義感の強い高潔な人物」と考える人も多いのではないだろうか。

だが、若い頃の光圀は、そんな後年のイメージからはほど遠い青春時代を過ごしていた。16～17歳頃の光圀の姿を伝える記録に、次のような言葉がある。

「水戸藩の世継ぎにはとても見えない、言語道断の人」

すなわち、手に負えない乱暴者だったというのだ。その素行の悪さは、とても徳川御三家の血筋とは思えないひどいもの。「江戸の屋敷を抜け出して遊郭に入り浸る」、「町のチンピラにケンカを売る」、「気にいらないことがあれば、刀を抜いて暴れまわる」、「罪もない人を平気で斬り捨てる」などなど…。例を挙げればきりがないが、まるで繁華街を我が物顔で闊歩するヤンキーである。当然、学問に打ち込む気など、これっぽっちもなかった。

ハチャメチャな生き様を変えた1冊の書物

だが、そんな乱暴な振る舞いを繰り返していた光圀が突然、18歳のときに生き方を改める。きっかけは、1冊の書物との出会い。その書物とは、中国の司馬遷《しばせん》が書いた歴史書『史記《しき》』。そこに収められた「伯夷伝《はくい》」に、古代中国の王子、伯夷と叔斉《しゅくせい》の兄弟を描いた次のような物語が記されていたのだ。

あるとき、王の座にあった父が亡くなり、伯夷と叔斉の間で後継者問題が持ち上がる。だが、兄弟は争いを避け、互いに王の座を譲り合った末、二人揃って国を去る…。

これが光圀の心をとらえた。実は光圀には、兄・頼重《よりしげ》を差し置いて自分が世継ぎになったという過去があった。伯夷・叔斉の物語を読んだ光圀は、そこに自分たち兄弟の姿を重ね、長男にもかかわらず家督を継ぐことができなかった兄の辛い心情に思い至り、日頃の振る舞いを反省したのだ。

以後、光圀は人が変わったように学問に取り組み始める。『史記』に影響を受けた光圀は、30歳で『大日本史』の編纂を開始。『史記』から自分の生き方を見つけた光圀は、歴史を書き遺すことの重要性に気付いたに違いない。その結果、『大日本史』の編纂は光圀一代で終わらない藩の大事業となり、全402巻が完成したのは、250年後の1906年だった。また、『大日本史』編纂をきっかけに生まれた〝水戸学〟と呼ばれる水戸藩独自の学風は幕末まで受け継がれ、黒船来航に伴う尊王攘夷運動に大きな影響を与えた。

家督相続で見せた兄への気遣い

一方、光圀は自らが相続した水戸藩の家督についても頼重に対する配慮を見せ、頼重の子を自分の養子に迎えて、その子に跡を継がせようとした。しかも、養子に迎えたのは、1人でなく2人。万が一にもしくじることがないようにとの思慮の深さが窺える。兄の綱方《つなくに》は若くして病没するが、弟の綱《つな》條《えだ》が無事に3代目藩主となり、光圀の願いは遂げられた。なお、光圀にも息子の頼常《よりつね》がいたが、こちらは逆に高松藩主となった頼重の養子となり、2代目藩主の座に就いている。

こうして『史記』との出会いをきっかけに、光圀は歴史に名を残す大人物となったわけだが、もし彼がやんちゃな青春時代を過ごさず、黙って水戸藩の家督を継いでいたらどうなっていただろうか。『大日本史』は生まれず、幕末の尊王攘夷運動もなかったかもしれない。

ちなみに、幕末に大老・井伊直弼が暗殺された「桜田門外の変」を引き起こしたのは、水戸藩を脱藩した浪士たちである。また、明治維新を先導した西郷隆盛も、若き日に水戸藩士たちと交わり、その影響を受けている。

つまり、光圀が『史記』と出会わなければ、日本の歴史が大きく変わっていたかもしれないのだ。そして当然、テレビドラマ史上に残る大ヒット作「水戸黄門」も生まれていなかったはずだ。

犬公方

徳川綱吉《とくがわつなよし》

「生類《しょうるい》憐《あわれ》みの令」が生まれた意外な真相！

恐怖の謎ルールで平和を押し売り

PROFILE

江戸幕府第5代将軍。3代将軍・家光の四男に生まれ、1680年に将軍に就任。初期には大老・堀田正俊《ほったまさとし》を重用し、政治改革に着手。文治政治を推し進めたその政治方針は「天和《てんな》の治」とも呼ばれた。

江戸の庶民を苦しめた「生類憐みの令」

歴史を振り返ってみると、ビックリするような規則や法律が数多く残されている。なかでも江戸時代は、庶民が派手な色の服を着ることを禁じたり、

武士が髭を生やすことを禁じたりと、生活の細部まで指示するような規則がたくさんあった。天下泰平の世とはいえ、なかなか息苦しそうである。

なかでも悪名高いのが、5代将軍・徳川綱吉が出した「生類憐みの令」だ。これが生まれた背景とその内容については、今まで次のように語られてきた。

なかなか子宝に恵まれなかった綱吉。将軍に子どもが生まれるかどうかは、後継者問題に関わる幕府の一大事である。そこで、綱吉の母・桂昌院《けいしょういん》が、信頼する僧侶・隆光《りゅうこう》に相談したところ、「前世で殺生をした報い。生き物を大切にすれば、子どもが授かる」との答えが。こうして生まれたのが「生類憐みの令」だった。綱吉が戌《いぬ》年生まれだったことから、人々には犬を人間以上に大切に扱うことを求めた。野良犬を保護する「御犬小屋《おいぬごや》」を設けたり、庶民が満足に白米を口にできなかったにもかかわらず、犬には毎日3合の白米が支給されたり…。そのため、人々は犬を敬遠するようになり、増えた野良犬が人に噛みつく、捨て子を食い殺すなどの事件も発生。完全に将軍の個人的な事情で作られた規則で、公私混同もいいところだ。今なら世論の大批判間違いなしだが、当時の人々もさすがに耐え難かったようで、やがて綱吉は「犬公方《いぬくぼう》」と呼ばれるようになった…。

「天下の悪法」に隠された意外な真実

こうして「天下の悪法」とまで呼ばれた「生類憐みの令」だが、近年になってどうやら色々と誤解があることがわかってきた。

まずはっきりさせておきたいのが、「生類憐みの令」という名の法律は存在しなかったということ。「生類憐みの令」とは、綱吉の時代に「動物を大切に」という目的で出された一連の法律をまとめた呼び名なのだ。その中で、最も知られているのが「犬愛護令」。ほかにも、牛や馬を捨てることを禁じた法律、鳥を飼うことを禁じた法律、生きた鳥や魚を食用として売ることを禁じた法律などが存在した。

とはいえ、名前やその数はともかく、こうした法律が存在したことはやはり問題ではないか。そう考える人が大半だろう。実際、ツバメを吹き矢で射た旗本の行為が問題視され、その家臣が切腹したり、病気の馬を捨てたことで、関係者39名が流罪になったりする事件も起きている。

だが、これらの内容についても研究が進むにつれ、新たな解釈が生まれている。綱吉が将軍に就任した頃は、まだまだ世の中に戦国の気風が色濃く残っていた。戦国と言えば、武士だけでなく農民も武装して落ち武者狩りなどを行っていた時代。つまり、人を殺すことに対して抵抗感が薄かった。

しかし、儒教を学んで育った綱吉は、社会を安定的に維持するためには、人々に「慈悲」や「憐みの心」が必要だと考えた。その考えを広めるために生まれたのが、「生類憐みの令」だったのだ。内容にやや行き過ぎた点はあったかもしれないが、この法律をきっかけに人々の生き方、考え方は変わっていった。いわば、「ショック療法」とでも言うべき手段だったのだ。

天下泰平を根付かせた綱吉の思い

誤解が解けたことで、「暗君」と見られてきた綱吉の印象がだいぶ変わったのではないだろうか。なお、綱吉は「生類憐みの令」に先立って、「夫婦兄弟親類、仲睦まじく暮らせ」、「召使に対して憐みの心を持て」といったことも命じている。プライベートに口を出しすぎ…と思われそうだが、これにもきちんと理由があった。当時は「明暦の大火」など大きな災害が続き、人々の心が荒《すさ》みがちな厳しい時代。そこで、少々口うるさくても、細かく指示を出し、世の中を引き締めようとしたのだ。

　また、江戸幕府初代将軍・家康から3代・家光までは、武力を背景とした武断政治の方針が取られていたが、4代・家綱《いえつな》からは儒教の教えを基本に、儀礼や法制を重んじる文治《ぶんち》政治に転換。綱吉もその方針を踏襲し、社会を安定へと導いていった。その結果、華やかな元禄文化が隆盛を極め、260年にも及ぶ天下泰平の時代が訪れた。

「生類憐みの令」を作った綱吉は、日本人の心から殺伐とした気風を取り除き、平和を根付かせた功労者だったのである。

文化人

平《ひら》賀《が》源《げん》内《ない》ほか

どいつもこいつも、どうかしてるぜ!

奇行がすごい作家魂

マルチな才能に劣らぬ マルチな生き様

歴史に名を残した人物には、いわゆる〝奇人・変人〟が少なくない。人と違った発想や行動ができるからこそ、歴史的な偉業を成したり、人並み外れ

PROFILE

江戸中期に本草《ほんぞう》学者、戯作者などさまざまな分野で活躍した人物。高松藩に仕える武家の次男として生まれ、兄の死により家督を継ぐ。24歳で長崎に遊学した後、家督を妹婿に譲り、大坂を経由して江戸に出た。

た成果を上げたりすることができるのかもしれない。特に、天下泰平の江戸時代には大衆文化が発達し、数多くの文化人が目覚ましい成果を上げたが、その偉業からは想像もつかないような奇人・変人が何人もいた。

その代表格が、平賀源内。静電気を発生させる装置「エレキテル」を製造したことで有名な人物だ。電気なんて、日本人の誰一人として見たことも聞いたこともない時代。オランダ製の壊れたエレキテルを参考に自作した源内は、それを見世物にして大儲けしたという。とはいえ、源内が才能を発揮したのは、エレキテルだけに留まらない。他に寒暖計や量程器（現在の万歩計）なども発明した上に、小説や絵画、陶芸など、芸術的な分野でも数々の作品を残し、さらには鉱山の開発まで手掛けた。うなぎ屋からの依頼で「土用《どよう》の丑《うし》の日にうなぎを食べる」というキャンペーンを考案したのも源内。今なら広告代理店、もしくはコピーライターと言ったところか。

医師、科学者、作家、画家、陶芸家、実業家、そしてコピーライター。現在でも俳優、歌手、司会者、映画監督、エッセイストなどさまざまな分野で活躍するマルチタレントはいるが、源内のマルチぶりはそれらの比ではない。うらやましいほどの才能に溢れていたが、その分、行動は少々風変わり。住居には、前の持ち主が切腹したり、子どもが事故で亡くなったりという、いわくつきの家を好んだ。いわゆる事故物件マニアである。さらに、宝物として大事にしまっていたのは、小便をしている人物を描いた意味不明の絵。しかも、あれほどの才能に恵まれながらも、50歳を過ぎて些細な口論から人を殺《あや》め、最後は牢獄で人生を終える羽目に。マルチな才能に劣らぬマルチな生き様と言うべきか。

世界的浮世絵師、葛飾《かつしか》北斎《ほくさい》は引っ越し魔

マルチに活躍した平賀源内とは対照的に、1つの道を究めて名を残した人物として、浮世絵で有名な葛飾北斎がいる。「冨嶽三十六景」、「北斎漫画」などが代表作で、ゴッホやモネなど、海外の画家にも影響を与えた美術史上の最重要人物だ。

実はこの北斎、人生でなんと93回も引っ越しをしたというから驚きだ。亡くなったのが90歳のときなので、年に1回以上の引っ越しをしたことになる。いくら引っ越し好きでも、このペースには太刀打ちできない。さらに、その理由もすごい。絵描きだから、絵を描くためにあちこちを転々としたのだろう…と思いきや、そうではない。引っ越し先のほとんどが、現在の東京都墨田区近辺。なぜそんな同じようなところで引っ越しを繰り返したのか。

北斎は、1つの道を究めただけあって、絵を描き始めると1カ月でも2カ月でも座りっぱなしというタイプ。食事ですら、座っているところに握り飯を運ばせて食べるという徹底ぶりだった。眠るのも同じ場所で、助手を務めた娘のお栄も掃除嫌いだったというから、布団には虱《しらみ》が大発生し、家の中はゴミだらけ。ということで、あまりの汚さに耐え切れなくなる度に引っ越しを繰り返したという次第。現在でも、ゴミだらけの家が〝ゴミ屋敷〟と呼ばれて、面白おかしく報道されることはあるが、北斎も似たような状況だったのかもしれない。そんな家から世界の美術史上に残る名画が生まれたことに驚くばかりだが、すべてを投げ打って絵に没頭したからこそ、あれほどの成果を残せたとも

言えるだろう。

十返舎一九《じっぺんしゃいっく》は、作品以上に変な人

ご存じ、〝弥次さん喜多さん〟の珍道中を描いた『東海道中膝栗毛《ひざくりげ》』の作者、十返舎一九も、その可笑《おか》しな名前から想像できる通り、変わり者だった。

本名を重田貞一《しげたさだかつ》と言い、元々は武士の生まれ。大坂で奉行所に勤めていたが、職を辞して浄瑠璃作家になったという経歴からして、既にどうかしている。江戸で暮らし始めてからは、経済的に苦労したらしく、家財道具一切を質に入れたことも。自宅に客を招くことになった際には、壁にタンスや床の間、掛け軸を墨で描いて迎えたというユーモア溢れるエピソードも、作品を知っていれば納得だ。

そのユーモアセンスは、自分が死んだときまで一分の隙もなく発揮され、火葬と同時に花火が打ち上がるようなドッキリを仕掛けて、参列者を驚かせたという。

老中

田沼意次《たぬまおきつぐ》

「お前にも京人形くれてやろうか！」

金も女も政治の道具

ワイロ大好きな〝悪人〟！だが将軍の信頼は厚かった

〝ワイロ政治〟を蔓延させたとされるのが、江戸幕府10代将軍・徳川家治《いえはる》の老中だった田沼意次。彼は商人の力を使った経済政策を積極的に推し進

PROFILE

江戸時代中期の大名で、幕府老中となって権勢を誇る。重商主義政策で幕府の財政を改善させるなど政治手腕に優れる一方、賄賂《わいろ》を横行させたともされる。意次の時代は、飢饉や百姓一揆で世が乱れたことでも知られる。

め、そこで生まれる利権をエサに、賄賂《わいろ》をたんまり受け取ったと伝えられる。

もちろん賄賂は意次の時代に初めて流行したわけではなく、4代家綱・5代綱吉のときも盛んだったが、8代吉宗の綱紀粛正によって減退し、9代家重《いえしげ》の時代にまた流行《はや》り、10代家治の時代に頂点に達した。権力者の意次が賄賂好きだったため、社会的風潮となっていたようだ。あるときなど、意次のもとに「京人形一体」と書かれた桐箱が贈られてきたので開けると、なんと舞妓が入っていたとか。

そんな意次が悪人のレッテルを貼られてしまうのは致し方ないが、逸話の多くは彼の反対派によるでっち上げとも言われる。それどころか、意次は魅力を感じさせる人物でもあった。

生い立ちを見ると、意次は紀州藩で足軽から旗本になった父親の長男として生誕。将軍になる前の徳川家重に小姓として抜擢され、父親の600石を継ぐ。その後、家重が将軍に就くとたちまち出世し、御側御用取次《おそばごようとりつぎ》という将軍の側近の職に引き立てられた。家重の死後は、次の将軍・家治からも厚い信任を得て、37年間でわずか600石から5万7000石の大名へと上り詰めた。

これほどの出世の背景には、当然ながら、意次の人徳があった。

家重は亡くなる直前、息子の家治にこう言ったという。

「意次は欠点がなく、正直な人だから、将来も目をかけてお使いなされ」

一方で意次は、家治への献身ぶりを示そうとして巧みな行動に出る。

まずは家治が愛情を注いでいた側室を味方につけることで、家治のプライベート情報を仕入れ、公私にわたって将軍をサポートしようと考えた。そこで、その側室が親しくしている女性を意次自身の側室とし、家治の側室のもとへたびたびご機嫌伺いに上がらせたのだ。

妻同士のネットワークを使って将軍の本音を知ろうとする、その徹底したやり口はさすがに行き過ぎと映るかもしれない。とはいえ、この件には別の事情もあった。意次が家治に世継ぎづくりを勧めると、「意次も子どもがいないではないか」と言われたために、側室を持って将軍と一緒に「妊活」に励もうとしたというのだ。となれば、私生活をも投げ打った全力奉仕と言えなくもない。

人徳だけじゃない、美男で、しかも有能な政治家だった

意次の魅力は、それだけではない。

彼は江戸城一のイケメンで、将軍だけでなく大奥の女性たちにも大人気だった。

また、政治家としても有能で、当時としては革新的な政策を採用したことでも知られる。

まずは、伝統的な緊縮財政策を捨て、それまで重視されなかった商業資本を活用して、幕府の財政基盤を立て直した。そして、銅、鉄、油などを幕府の専売事業とする、いわば「逆・楽市楽座」で幕府の収入をアップさせた(これは、武士がお金を不浄なものとして触れることすら拒んでいた時代には画期的なことだった)。さらには、蝦夷《えぞ》地の開発およびロシアとの貿易にも取り組んだ。

加えて、天才奇才を愛して政治的な活用を目論んだことも挙げられる。杉田玄白《すぎたげんぱく》らがおそるおそる翻訳・刊行した『解体新書』に対しては、意次は咎めるどころか快く受け入れた。また、平賀源内と知り合った際には手土産を渡し、源内が半月ほど経ってからそれを開くと小判100両が入っていたという。おそらく研究費か奨学金のつもりで与えたのだろう。

つまるところ、意次は新しいことを実践できる創造的な人物だった。家柄が本流でないアウトサイダーゆえに、窮屈な慣習にとらわれず切り拓けたのかもしれない。

ところで賄賂に関して、意次はこんな言葉を残したと伝えられる。

「金銀は人が命にも代えがたきほどに思っている宝であるから、その宝を贈ってまで奉公のための役目を欲しいと願うほどの者であれば、お上に忠実な志を持っていることは明らか」

欲深い悪人というより、明晰な理論家の顔が見えてくるではないか。また、こうも言ったという。

「わしは毎日登城して政務に明け暮れ、一日ものんびりしたことがない。ただ、屋敷に帰ってきて、長廊下に諸家の贈り物がおびただしく並んでいるのを見るときだけは心が慰む」

なんとも同情を誘う。ちなみに意次の死後、「チリ一つ出ない」ほどに私財は残っていなかったという。

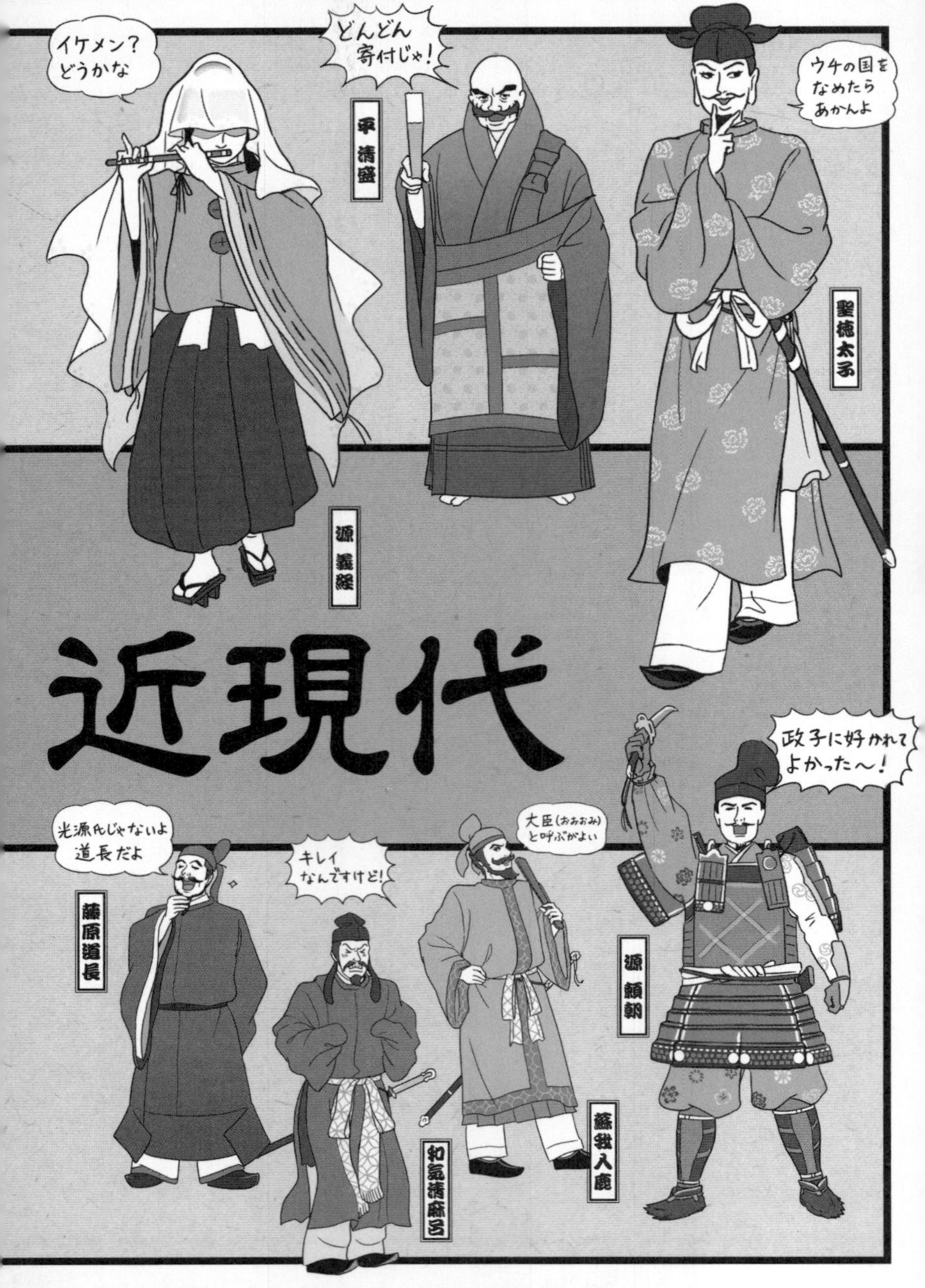
イケメン？どうかな
源 義経
どんどん寄付じゃ！
平 清盛
ウチの国をなめたらあかんよ
聖徳太子
近現代
政子に好かれてよかった〜！
源 頼朝
光源氏じゃないよ道長だよ
藤原道長
キレイなんですけど！
和気清麻呂
大臣(おおおみ)と呼ぶがよい
蘇我入鹿

さぁ乾杯だ！
黒田清隆
ひらめいちゃった〜♪
一休宗純
全員しっかり覚えています
在原業平
新皇やらせてもらってるマサカドだ。夜露死苦！
平将門

Chapter 3

古代・中世・

女？借金？何のこと？
石川啄木
結構苦労したんだよ
HOHOHO
高橋是清
今日も飲むし明日も飲むよ？ 何か？
福澤諭吉
あだ名は「ほうき」です
伊藤博文

太政大臣

平清盛《たいらのきよもり》

PROFILE

史上初の武家政権を樹立した平安末期の武将。平家一門を率いて保元《ほうげん》の乱、平治《へいじ》の乱を勝ち抜き、朝廷内での発言権を高めると皇室とも縁戚関係を結び、後白河《ごしらかわ》法皇を幽閉して権力を掌握した。宋との貿易にも熱心だった。

世の中、銭や！

貴族に恩を売れるだけ売って大出世

源氏との出世競争に勝った意外な理由

史上初の〝武家政権〟を樹立した平清盛。その偉業は後に鎌倉幕府、室町幕府、江戸幕府へと受け継がれ、およそ700年におよぶ武士の世の先駆け

となった。とはいえ、その人柄については「驕《おご》れる人も久しからず」という『平家物語』の一節などから、暴君を連想する人も少なくないだろう。だが、その歩みを振り返ると、意外にもそんな荒ぶるイメージとは程遠い人物だったことが見えてくる。

清盛が生まれた平安時代末期は、まだまだ武士の社会的地位は低く、朝廷の貴族たちからは騒動や乱を鎮圧するための道具としか見られていなかった。そんな状況下、出世するために清盛がしたことは何か。数々の戦いで武功を上げる…ではなかった。朝廷が実施する寺院の造営などに、莫大な寄付を行ったのだ。実は平家は、清盛の祖父・正盛《まさもり》の代から朝廷への寄付を行っていた。それを踏襲した清盛は、早くから貴族たちの間で「慎み深く、気遣いのできる男」との評判を得る。

同じ頃、平家と並ぶ武士の一門として名を馳せたのが源氏。だが、その棟梁である源義朝《みなもとのよしとも》は、武勇に優れながらも、清盛のような寄付は行わなかった。そのため、「所詮は田舎者の武士」と陰口をたたかれ、平家と違って冷や飯を食う羽目になってしまった。

やがて、朝廷内の権力争いに端を発した「保元の乱」が起こると、清盛と義朝は味方同士として参戦。義朝はここぞとばかりに意気込んだに違いない。ところが、同じように勝利に貢献しながらも、清盛が大きな恩賞を与えられたのに対して、義朝にはほんのわずか。貴族たちからの評判の違いがここでも響いたのだ。この結果に不満を抱いた義朝は、続く「平治の乱」で清盛と敵対。だが、武運拙く敗れ去り、東国へ逃れる途中、味方の裏切りに遭って命を落とした。

雅な貴族たちの社会で出世するために必要だったのは、武勇よりもお金だったというわけだ。ここから浮かび上がるのは、清盛の気前の良さ。現代ならさしずめ、気配り上手の優秀な営業マンといったところか。だが、それには当然、元手が必要だ。清盛はどこからその資金を得ていたのか。

抜かりない資産形成が出世の道を開いた

実は、清盛が朝廷に多額の寄付をすることができたのは、宋との貿易で財産を蓄えていたお陰だった。元々、伊勢地方（現在の三重県を中心とした地域）を本拠地にしていた平家は、海賊追討などの任務で西国を中心に活動することが多かった。そのため、次第に西国に対する影響力が強くなり、肥前《ひぜん》（現在の佐賀県）などの荘園を通じて宋との貿易が始まる。

この貿易で輸入品と一緒に持ち込まれたのが、大量の貨幣〝宋銭〟。日本にも〝和同開珎《わどうかいちん》〟などの貨幣は存在したものの、当時はまだまだ布や米による物々交換が一般的だった。だが、宋銭が大量に持ち込まれたことで、貨幣による売買が広まっていく。それとともに、貿易を仕切っていた平家は莫大な富を築くことができたのだ。武士に似合わない蓄財上手で、資産形成も抜かりなし。こうして貿易の重要さを認識した清盛は、一度は京都から福原《ふくはら》（現在の神戸）への遷都も実行している。

リーダーにふさわしい器の大きさと厳しさ

莫大な財力を武器に出世街道を駆け上がった清盛だが、それだけで地位を維持することはできなかっただろう。そこでものを言うのが、本人の資質だ。当時の書物に、次のような一節がある。

「平清盛は、誰かが悪ふざけをしても冗談として許す寛容な人。失敗した者に対しても、声を荒げることはなかった」

ここから窺えるのは、清盛の器の大きさだ。人間的魅力と言ってもいいかもしれない。

その一方で、敵対する人間には断固とした厳しさを見せることも。後白河法皇の側近らが平家打倒を企んだ「鹿《しし》ケ《が》谷《たに》事件」では首謀者に厳しい処分を下し、後には院政を行っていた後白河法皇を幽閉。これにより、権力を完全に掌握することとなった。

味方には寛容だが、敵に対しては容赦しない。これこそ、リーダーに必要な資質。だからこそ、清盛は平家一門を束ね、絶大な権力を手にすることができたのだ。その死後間もなく平家が滅亡したのも、清盛に匹敵するリーダーが一門にいなかったからだ。

武士の世を切り拓いた平清盛は、我が物顔で振る舞う暴君ではなく、蓄財上手で気配りもできる人間的魅力に溢れたリーダーだったのである。

判官

源義経《みなもとのよしつね》

イケメン伝説崩壊?

出っ歯でひ弱、時代遅れのチビ男

PROFILE

平安末期の武将。父の死後、奥州藤原氏の庇護を受けていたが、兄・源頼朝による平氏討伐挙兵に参戦。多くの合戦で武功を立てたものの、頼朝には冷遇された。最後は朝敵となって全国を逃亡。奥州平泉《おうしゅうひらいずみ》で自刃《じじん》している。

美化されたヒーローの快進撃と不遇

歴史書に義経が登場するのは、1180年頼朝の挙兵に参戦してから、奥《おう》州《しゅう》平泉《ひらいずみ》で自刃するまでのわずか9年ほどにすぎない。その短期間に源義仲《よしなか》討

伐や、一ノ谷、屋島、壇ノ浦といった平氏討伐の合戦でめざましい戦果を上げている。それなのに、兄である頼朝からは常に冷遇され、面会も拒否。鎌倉に入ることさえ許されず、挙句の果てには朝敵に仕立てられ、討伐命令まで出されてしまう。そんな義経の不幸な境遇は、後年の人々の同情を誘い、さまざまな形で「美化」されてきた。

義経は「細マッチョ」ではなく、見た目通りの「非力」

たとえば、壇ノ浦の戦い。この合戦で義経が水軍を指揮し、政治勢力としての平家を滅亡させたのは史実である。しかし、敵の攻撃をかわして、船から船へ飛び移ったという「八艘飛び《はっそうとび》」は恐らく虚構を加えた伝説だろうと考えられている。当時の戦場に面した、現在の山口県下関市の公園に、義経「八艘飛び」の銅像が建てられているが、その顔つきはとても端正で、現代風のイケメンである。伝えられている肖像画とは、まるで似ても似つかないものだ。

岩手県の中尊寺に所蔵されている義経の肖像画は、戦国時代か江戸時代の作と言われているが、なんとも貧相で、小柄なおじさんといった印象だ。もっとも、自害する直前の姿だそうで、「なんとか奥州まで逃げてきたけど、頼りにしていた藤原秀衡《ひでひら》は死んじゃったし、息子の泰衡《やすひら》は、頼朝兄さんの圧力に屈して襲ってきそう」という、まさに「打つ手なし」の憔悴しきった表情に見えなくもない。

先に挙げた壇ノ浦の戦いを描いた『源平盛衰記』は、義経の容貌を「面長して身短く、色白して歯出たり」としている。また『平家物語』には、合戦の前に平家の士気を高めるため、義経の容貌をからかう平盛嗣《もりつぐ》の発言が残されている。それによれば「九郎（義経）は色白で背が小さく、前歯が出ているからよくわかる」そうで、「色白・チビ・出っ歯」は共通している。同書には、屋島の戦いで義経が弓を海中に落としてしまい、自分の弓の弱さを知られたくないので、戦闘中にもかかわらずそれを拾おうとしたというエピソードがあり、義経は力が弱いだけでなく、他人からの評価を非常に気にする性格だったことが窺える。「ひ弱で、見栄っ張り」といったところか。

「時代遅れ」の考え方が義経の悲劇を招いた？

しかし、室町時代以降、義経の容貌だけでなく、生涯全体が「悲劇のヒーロー」として描かれ続けてきた。能楽・歌舞伎・浄瑠璃といった古典芸能から、現代の小説・映画・テレビドラマまで、作品は枚挙《まいきょ》にいとまがない。昔から日本人はいわゆる「判官《ほうがん》びいき」の話が大好きなのである。こうした作品の中での義経は、容姿端麗、才気あふれる勇猛な武将であり、その人気や功績を、頼朝をはじめとした他の武将がねたみ、恐れ、憎み、いじめて死に追いやったという構図になっている。同時に、家臣の武蔵坊弁慶《べんけい》や、寵愛を受けた静御前《しずかごぜん》、さらには関所で逃亡を見逃した富樫泰家《とがしやすいえ》まで、「美しく」扱われるありさまだ。

史実としては、なぜ義経は頼朝の怒りを買ってしまったのだろうか。多くの専門家は、それが個人的な感傷や愛憎からでなく、そもそも義経の考え方が、新しい武士の時代を切り拓こうとする頼朝と大きく食い違っていたからだと指摘している。

頼朝は流罪地《るざいち》の伊豆国で平家追討の兵を挙げた後、それまでのセオリーである京都への上洛をせず、鎌倉を拠点に、関東平定に乗り出し、東国の武士集団の結束を固めようと奔走する。一方、義経は壇ノ浦の戦いで勝利すると、平家から取り戻した三種の神器のうち、鏡と玉を奉じてすぐに京都へ向かう。しかもその前には、兄であり主君筋でもある頼朝の許可を得ず、後白河法皇から官位（左衛門少尉《さえもんのしょうじょう》＝判官《ほうがん》）を受けてしまっていた。

戦いもしない朝廷が恩賞を与えるのを、武士が喜んで受け取り、地位を高めようというのは、平家のやり方と同じだからダメ、というのが頼朝の考え方だった。平家との激しい戦いに敗れ、すぐに伊豆へ流された頼朝と違い、京都の鞍馬寺《くらまでら》で幼少期を過ごした義経は、貴族のように振る舞う平家の隆盛を目の当たりにしていたに違いない。源氏をおとしめた平家に恨みを持ちながら、あるいはそこに義経の憧れもあったのではないかという見解もある。

武家棟梁

源頼朝《みなもとのよりとも》

鎌倉幕府の初代将軍は……

夫婦別姓のヒモ男!?

源頼朝と北条政子、恋の始まりは運命のいたずら?

鎌倉幕府を開いたことで歴史に名を刻む、誉れ高き源頼朝。だが妻が豪腕で気性の激しい北条政子《ほうじょうまさこ》だったことを考えれば、実はその尻に敷かれていた

PROFILE

平安時代末期から鎌倉時代初期の武将。父の義朝が平治の乱で敗れると伊豆国へ流されるが、以仁王《もちひとおう》の令旨《りょうじ》を受けて平氏打倒の兵を挙げ、関東を制圧して鎌倉幕府を創設。初代征夷大将軍に任じられる。源義経は異母弟。

のでは、という意地悪な見方もしたくなる。なにしろ結婚後も「源政子」ではなく「北条政子」なのだから、その強烈な存在感は推して知るべしだ。

2人の出会いは、平治の乱で敗れた頼朝が、流された伊豆の蛭ヶ小島《ひるがこじま》で過ごしていたときのこと。流人《るにん》とはいえそれなりの自由を与えられていた頼朝は、伊豆・相模の中小土豪《どごう》を引き連れて狩りに興じることが多かった。そんな頼朝の監視を務めていたのが北条時政《ときまさ》で、その長女が政子だった。颯爽と馬を駆る源氏の御曹司の姿に、政子が惹かれないはずはない。

軍記物語の『曽我物語』によれば、頼朝が最初に心を寄せたのは、政子ではなくその妹だったという。美人だが先妻の子である政子よりは、当腹である妹の方が利益が多いと踏んだのである。そこで妹姫へのラブレターをしたため、家臣の安達藤九郎盛長《あだちとうくろうもりなが》に届けさせる。ところが盛長は、器量の良くない妹と結ばれて頼朝の愛情が長続きしなければ、北条氏との仲も悪くなるだろうと懸念し、なんとラブレターを政子に渡したのだ。

肉食系の政子、危ない橋を渡って頼朝を射止める

何事にも計算ずくを余儀なくされる頼朝の立場はもちろん理解できなくもないが、ロマンチックとは程遠い、ちょっとざんねんな始まりではある。ともあれ、2人は恋を語り合う仲となった。このとき頼朝32歳、政子21歳。

そんな2人の恋には障害が待っていた。権力を掌握する平家の目を恐れた北条時政が、平家に敵対

した源氏の者に自らの娘を嫁がせようとしなかったのだ。そして、嫌がる政子を平家一族の山木兼隆《やまきかねたか》に輿入れさせてしまう。

しかし政子は諦めなかった。

輿入れした夜、政子は山木兼隆の家を抜け出し、豪雨の打ちつける暗い夜道を、ぬかるみに足をとられ、迷いながら、頼朝のもとへ向かったのだ。

これは捨て身の行動と言うほかない。想い人をどこまでも追いかける肉食系女子＝政子の勇気と一途さが、頼朝の心を射抜いたのは間違いない。時政も2人の仲を認めざるを得ず、晴れて2人は夫婦となった。まさに駆け落ち同然のシンデレラストーリーだ。

ちなみに平家が滅び、頼朝が鎌倉を本拠に関東を制圧してからのこと。弟の義経を追放した頼朝は、静御前が義経への慕情を露わに舞を披露したことに腹を立てた。だが政子は頼朝に対し、「私はあなたを慕い、婚約者の家から雨降る夜道を必死で歩きました。あなたが戦に敗れて生死がわからないときも、伊豆の山で耐えていました。私のそのときの気持ちは、今の静御前と同じです」と、危ない橋を渡って貫いてきた自らの愛と重ねて説得し、その怒りを鎮めたという。

度重なる女遊びが政子の逆鱗に触れ、頼朝危うし！

そもそも頼朝は都育ちの垢抜けた美男子であり、奔放なプレイボーイだった。政子がお産で家を出ている間には、流人時代よりなじみの女を伊豆から呼び寄せ、海岸で牛追物《うしおうもの》というスポーツ大会をやるという口実で、彼女の隠れ家を訪れていたという。今ならばワイドショーで袋叩き確実な火遊びだが、そんなことよりも政子のリアクションがすごい。なんと彼女は力自慢の侍を遣わし、隠れ家をめちゃくちゃに破壊してしまったのだ。愛人は身1つで逃げ出した。恋する女性の激しさには、恐れ入るばかり。その後も頼朝は浮気を重ね、政子を怒りと嫉妬で狂わせた。

もちろん政子は狂態ばかり演じていたわけではない。頼朝亡き後には自ら鎌倉幕府を指揮し、朝廷が倒幕の兵を挙げた際には、震え上がる御家人たちに対して「平家のもとで犬のように扱われていたお前たちがこうして幸せに暮らせているのは、亡き頼朝公のお陰。海よりも深く山よりも高いご恩を、今こそ返すときです。恩知らずな臆病者は、朝廷に寝返るがいい!」と、頼朝への忠義と想いにあふれた呼びかけで自陣を1つにし、勝利を呼び込んだ。肉食系の情熱は、敵に回すと手に負えないが、味方につければこれほど頼もしいものはない、ということか。

皇太子

聖徳太子《しょうとくたいし》

「俺には煬帝が止まって見えるぜ」はウソ!?

捏造された完璧超人

いくらなんでも盛りすぎ!? すごすぎる超人伝説

冠位十二階や十七条憲法を定めて日本の礎を築く一方、仏教の普及にも尽くすなど、大車輪の活躍で名を馳せた聖徳太子。彼の天才ぶりを物語る伝説

PROFILE

飛鳥時代の皇族・政治家。推古《すいこ》天皇の下で蘇我馬子《そがのうまこ》とともに政治を行い、遣隋使を派遣して中国文化を吸収し、冠位十二階や十七条憲法を制定して天皇中心の中央集権国家体制づくりを進めた。仏教の興隆にも尽力。

は数多いが、その超人ぶりは並外れていて、さすがに眉唾ではと疑いたくもなる。

なにしろ超人伝説は、生前から始まっている。聖徳太子は母親のお腹にいるときから言葉を発し、生後はすぐに人と話せたというのだ。

未来を見通す能力もあったとか。5歳のとき、皇族の1人である炊屋姫《かしきやひめ》の御前に進み出た聖徳太子は、姫がやがて天皇になることを予言。その言葉通り、姫はのちに推古天皇として即位し、太子とともに政治を担うことになった。

成長してからも勢いは止まらない。聖徳太子が人々の訴えを聞こうとしたときのこと、集まった10人は我先にと切り出し、普通なら「ちょっと何言ってるかわからない」となるところ、太子はすべてを正しく聞き取り、逐一的を射た答えを返したという。

さらにすごいのが、良い馬を求めて全国から数百頭を献上させたときのこと。そこから一頭を選び出して太子が跨《また》がるや、馬は空を飛び、富士山から長野、新潟を巡ってわずか3日で戻ってきたとか。

さすがにありえない、ということで、こうしたエピソードばかりか聖徳太子の存在すら疑わしいと見る向きもある。だが、いつの時代もデキる奴はなんでもデキる。今で言えば、役者でミュージシャンで文才もあって熱愛に花を咲かせ放題……などというのとはいろんな意味で次元が違うのかもしれないが、持たざる者にはどこまでも不公平にできているのが世の常だ。多少なりとも盛っている可能性があるにせよ、火のない所に煙は立たない。聖徳太子もそうしたスペシャル・ワンだったと思えば合点がいくというものだ。

相手の足元を見る！　抜け目ない戦術家の一面も

人間離れした(?)才覚を持つ聖徳太子であればこそ、強敵と対等に渡り合う交渉術にも抜かりない。607年、聖徳太子は大帝国の隋《ずい》と関係を結ぼうと、使節として小野妹子《おののいもこ》を派遣するが、その際に持たせた手紙にこう書いた。

「日出づる処の天子、書を、日没する処の天子に致す」

これを見た隋の皇帝・煬帝《ようだい》は顔色を変える。「天子」とは国を治める君主のことであり、煬帝にしてみれば天子は自分だけなのに、小国と見なしていた日本が同じく天子を名乗り、対等な立場で接してきたから相当に腹を立てたのだ。さらに言えば、隋を見下したかのような「日没する処」という文言も怒りを増幅させたかもしれない。

しかし、ここには聖徳太子なりの計算が働いていた。当時の隋は朝鮮半島の高句麗《こうくり》と対立中で、日本まで敵に回している余裕がなく、また日本に高句麗の味方をされては困るという事情があったのだ。常識的には太刀打ちできない相手に対しても、弱みにつけ込んで思惑通りに推し進める。聖徳太子のどこか聖人君子然としたイメージからすれば、意外な狡猾さと映るかもしれないが、ともあれ太子一流の交渉術である。

付け加えれば、隋との駆け引きの背景に、ないがしろにできない国内事情もあった。当時は蘇我氏など有力豪族が国家運営に付け入る隙があり、それを牽制するため、国としてはトップが中国の皇帝と対等な関係にある、というパフォーマンスを示さねばならなかったわけだ。

そもそも聖徳太子は本当に存在した？

ここまでの超人伝説や成功譚を見ると、聖徳太子に「ざんねん」な要素はまるで見当たらない。もし隋との交渉というギャンブルに敗れていたら、日本は滅ぼされていたかもしれず、その張本人である太子はまさしく本書にふさわしい人物となり得たはずだが……。

ところで前述の通り、聖徳太子の存在そのものを疑問視する声もある。歴史書の記載が太子の実在を裏付けるのに不十分であるとか、よく知られた肖像画も実は本人ではないとか、その見解はさまざまだが、もしこの「聖徳太子虚構説」が真実だとすれば、偉大な先祖を失ったことになる日本人にとっては残念である。

大臣

蘇我入鹿《そがのいるか》

PROFILE

飛鳥時代の豪族。祖父に蘇我馬子、父に蘇我蝦夷《えみし》を持つ。大和朝廷で大《おお》臣《おみ》を務める有力者だったが、その専横ぶりを危惧した中大兄皇子《なかのおおえのみこ》、中臣《なかとみの》鎌《かま》足《たり》らに討たれ(乙巳《いっし》の変)、それが蘇我氏の凋落へとつながった。

親の七光りもすごかった

調子に乗りすぎて殺されたヤングエリート

天下は我が物……のはずが、だまし討ちに死す!

飛鳥時代の大豪族として名を轟かせた蘇我入鹿。

その名前には「鹿」の文字が、祖父である蘇我馬子の名前には「馬」の文字

が入っていることから、動物好きの心をざわつかせる……という余談はさておき、天皇家をも凌ぐその勢いを警戒した中大兄皇子（のちの天智《てんじ》天皇）と中臣鎌足によって入鹿は暗殺され、そこから「大化《たいか》改新《かいしん》」により国家体制が改変、政治の中心が豪族から天皇へと移っていったのはよく知られたところだ（ちなみに「蒸し米（645）で祝おう」の覚え方で有名な大化改新だが、今の教科書では646年に書き換わっているので要注意）。

そうした史実から、入鹿と言えば権力を独り占めにし、わがもの顔で振る舞っていたような、なんだか悪そうなイメージを持たれてしまってとても分が悪い……。ともあれ、殺された際の一部始終を振り返ってみると——。

場所は大和国、飛鳥板蓋宮《いたぶきのみや》の大極殿《だいごくでん》。

朝鮮半島からの使者を迎える儀式がまもなく行われ、蘇我入鹿も参列する。巧みに言い寄った係の者に刀を預け、丸腰だ。

さて入鹿が着席し、彼の従兄弟である石川麻呂《いしかわまろ》が天皇に向かって文書を読み上げる段に。ここで刺客が飛び出す手筈になっている。が、誰も現れない。

石川麻呂は汗びっしょりで、震え出している。

その様子を入鹿が訝《いぶか》るなか、石川麻呂の出番もそろそろ終わりに近づき——というところで中大兄皇子が飛び出し、入鹿の肩を斬りつけた！　斬る役目の手下たちが恐れをなして進み出せないと判断し、皇子が自ら躍り出たのだ。

「私に何の罪があるのだ？」

そう叫ぶ入鹿に、中大兄皇子はピシャリ。

「こいつは天皇家を滅ぼそうとしている！」

そして、手下たちがとどめの太刀を振り下ろす。今であればまるでドッキリのような、だまし討ちのクーデターが完遂した。

まさに因果応報！ 父も悲しんだ過去の暴挙とは？

このときに中大兄皇子と中臣鎌足が、「やられたらやり返す、倍返しだ！」と大見得を切ったという話は伝わっていないが、事実この国家的転換点となった事変は、蘇我入鹿の非道な所業が自らに跳ね返ってきたブーメランでもある。

遡って643年、聖徳太子の遺児である山背大兄王《やましろのおおえのおう》は、衆目が認める天皇の後継者候補だった。だが聖徳太子亡き後に政治の全権を握ろうとする蘇我一門にとって、彼は邪魔な存在でしかない。そこで入鹿は軍勢を率いて攻め込み、山背大兄王を子弟妃妾《していひしょう》もろとも自害に追い込んだのだ。

そこで聖徳太子以来の名族である上宮王家《じょうぐうおうけ》は滅亡するも、報を受けた入鹿の父・蘇我蝦夷は「なんと愚かなことを、次は入鹿の番だ」と慨嘆したという。

そして数年後、蝦夷の言葉は現実のものとなったのだ。

ここまで見ると、蘇我入鹿に同情の余地はないように思える。だが、なにも無教養な野蛮人だったわけではなく、実像はその逆である。

実は秀才だった！ でも調子に乗りすぎた!!

まず、子どもの頃からとても勉強ができた。また開明的で渡来人との付き合いも深く、国際感覚にあふれていた。さらにすぐれた政治を行い、その治政下では、盗賊ですら落とし物を拾っても着服しなかったと言われる。

そんな先進的な才人・入鹿が滅んだ原因は、やはり性格にあったと言える。父の蝦夷がなにかと慎重で温厚だった一方、入鹿は勝気で強引。若い時分は誰でもそうかもしれないが、だからこそ先代以上に頭を低くすべきだった。まさに後悔先に立たず。

後日、父の蝦夷は自害、数年後には石川麻呂も謀反の疑いをかけられて自害。蘇我氏は勢いを取り戻せないまま、歴史の表舞台からフェードアウトしていった。入鹿の若気の至りの代償は、ことのほか大きかったと言えるかもしれない。

平安貴族

和気清麻呂《わけのきよまろ》

天皇家をお守りしただけなのに……

「きたな麻呂」に強制改名!!

忖度知らずの役人、不幸を顧みない決断とは?

奈良時代の貴族・和気清麻呂は、一介の役人でありながら権力者の不正を許さず、清廉潔白の士として知られる。そのため都を追放される憂き目に遭う

PROFILE

奈良時代末期から平安時代初期にかけての貴族。権力者の道鏡《どうきょう》を敵に回して流罪となるも、のちに都に呼び戻され、平安時代の礎を築く重要な役を担う。その功績により公卿まで上り詰め、彼の肖像は十円札に使われた。

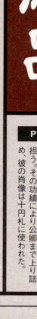

のだが、どん底から見事に返り咲いて活躍し、後世まで尊敬を集めた。その人生はどのようなものだったのか——。

奈良時代の終わり頃、朝廷では道鏡という僧侶が、生涯独身で嗣子《しし》のいない女帝・称徳《しょうとく》天皇の行きすぎた寵愛を受けて権勢をほしいままにしていた。そんな中で、前代未聞の話が持ち上がる。道鏡をなんと皇位に就けようというのだ。その理由とされたのが、遠く九州の宇佐《うさ》八幡宮にくだされたという次のような神託だった。

「道鏡が天皇になれば、天下は太平となるであろう」

あまりの重大事に、まずはお告げの真偽を確かめようと、朝廷は九州へ使者を出すことにする。その任を仰せつかったのが、和気清麻呂だった。

清麻呂の報告次第では、万世一系と言われる天皇の血筋が途絶えてしまうわけで、ただの役人にはあまりにも荷が重いミッションだ。道鏡の顔色を窺って権力におもねるか、それとも正しいと信じた道を貫くか——。

都からドロップアウト、だが天は見捨てず！

清麻呂が朝廷に持ち帰った答えは、こうだった。

「天皇には天皇の血筋の者を即位させよ。それ以外の者は即刻、掃い除くべし」

つまりお告げはウソだったと報告したわけで、その結果、天皇の血筋は守られたが、清麻呂は大きな代償を払うことになる。

清麻呂が神託を捏造したと激怒した称徳天皇と道鏡は、和気清麻呂を「別部穢麻呂《わけべのきたなまろ》」、さらに姉の和気広虫《ひろむし》を「別部狭虫《わけべのさむし》」という恥ずかしい名前に変えてしまった。なんだか子どものいじめのような発想だが、これが国のトップの決定なのだから、粛々と聞き入れるしかない……。そのうえ清麻呂は、無残にも足の腱を切られ、大隅《おおすみ》国に流されてしまったのだ。

しかし、天は見捨てなかった。

早くも翌年、ショックが大きすぎたせいか称徳天皇が病の果てに崩御し、それに伴って道鏡も失脚。すると和気広虫、清麻呂の姉弟は都に戻され、もちろん名前は元に戻り、晴れて出世コースに復帰する。その後の清麻呂は平安京の遷都を指揮するなど次々と大仕事に登用され、その功績により、最高幹部というべき「公卿」に列せられるまでになった。中級貴族の子として生まれた清麻呂にとって、これは大変な出世であった。

時代を超えて尊敬されるまでに

組織の一員であれば、「ちょっとおかしいな」と思うことがあっても空気を読んで忖度し、自分を曲げてしまうことは往々にしてあるはず。だが左遷も顧みずに正義を貫いた和気清麻呂こそは、まさしく役人の鑑。権力者に逆らって消された者は数知れず、それでも勇気をもって声をあげ、窮地からも立派に返り咲いた清麻呂は、とてもまぶしい。

ちなみに明治から戦前にかけて十円札の肖像画は和気清麻呂だった。また、皇居の大手濠緑地には彼の銅像が建っている。戦前の日本で知らない人はいない存在だったのだ。

最後に、清麻呂をひどい目に遭わせた道鏡について。一介の僧にすぎない道鏡がなぜ大出世し、ありあまる権力を握ったのか。それは、道鏡と称徳天皇が姦通していたからだとも言われる。しかも平安後期に書かれた歴史物語『水鏡《みずかがみ》』によれば、道鏡は並外れた巨根の持ち主で、その虜となった称徳天皇が彼と離れられなかったとか。そして町民の間では、「道鏡は座ると膝が三つでき」などといった下世話な川柳も詠まれていたらしい。まさに日本のラスプーチン、道鏡おそるべし。

和気清麻呂は熱い心意気で「ざんねん」な運命を退け、道鏡と称徳天皇は熱い下半身事情で「ざんねん」な末路を招いてしまった、というわけだ。

関白

藤原道長《ふじわらのみちなが》

悪魔的に世渡り上手なプレイボーイの素顔は……

糖尿病で気弱で小心ボーイ

ライバルを蹴落とす！
悪魔的な出世術

「この世をば我が世とぞ思ふ望月《もちづき》の欠けたることもなしと思へば（この世は自分のためにあるようなもの。満月のように足りないものはない）」という

PROFILE

平安時代中期の公卿。藤原兼家《かねいえ》の五男として生まれ、兄たちの病没後に左大臣に就任。娘たちを次々と天皇・皇太子と結婚させて政権を掌握する。晩年は持病の糖尿病を平癒させるため、法成寺《ほうじょうじ》の造営に精力を傾ける。

歌で有名な藤原道長。栄華を極めた平安貴族だが、その地位へ至るまでには、眉をひそめるような手を使ってライバルを蹴落としたこともあった。

順調に出世街道を歩んでいた道長が、右大臣に就任したときのこと。以前から目ざわりだったライバルが、甥で内大臣の藤原伊周《これちか》だ。出世を争う2人は、次第に対立を激化させていく。

そんな中で事件が起きた。

伊周には愛人がいて、彼女の住む屋敷に出入りしていた花山《かざん》法皇を恋敵《こいがたき》と勘違いする。嫉妬に駆られた伊周は、花山法皇を脅してやろうと夜道で矢を射かけるが、あろうことか矢は法皇の服の袖を貫通してしまった。つまり法皇暗殺未遂事件となったのだ。

花山法皇の愛人は伊周の愛人の妹であったために同じ屋敷に通っていた、というのが真相であり、出家の身でありながら愛人がいたことを知られたくない花山法皇は、事件を隠そうとしたようだ。だが道長にとっては、ライバルを蹴散らす最大のチャンス。闇に葬らせずに徹底して暴き出そうと、当時の警察である「検非違使《けびいし》」に事件を報告し、スキャンダルは明るみに出た。そして伊周を失脚させることに成功したのだ。

ちなみにこの事件だけでなく、道長は他の罪もあげつらって伊周を追い込んだ。1つは「天皇の母親を呪ったこと」、もう1つは「天皇以外に行ってはならない儀式を勝手に行ったこと」。花山法皇の事件だけでは罪が軽くなる恐れがあったために付け加えたものだが、今ではでっち上げだった、という見方がされている。いずれにしても道長、なかなかに冷酷だ。

さらに道長の出世には、女性たちの力が大きく働いた点も見落とせない。まず、実の姉で一条天皇の母でもある東三条院詮子《せんし》の後ろ盾があったからこそ、道長は右大臣に上り詰めることができた。また、娘たちを次々と皇族と結婚させたことで、朝廷で権力を握れたわけである。

イケメンで男らしく、女性のアイドル的存在だった

道長は平安王朝の女性たちに抜群の人気を誇るアイドル的存在で、プレイボーイだった。眉目秀麗なのはもちろん、肝も据わっていたようで、宮中での肝試し大会では他の貴族が恐れをなして夜道を引き返してしまったのに対し、道長だけが目的地に到着できた、というエピソードもある。そんな道長こそが、強引な口説き方で次々と女性との恋を成就させた『源氏物語』の主人公、光源氏のモデルだったとも言われている。

一方で彼には、自らの行動の言い訳をいろいろと日記につづるなど、小心で気弱なところもあった。光源氏は女性に対して褒め言葉をかけるなど心遣いを忘れないし、女性を想って涙を流しもするが、そうした繊細さを道長も持ち合わせていたのかもしれない。

栄華を極めるも、病には勝てず

感激屋だった、冗談をよく言う、怒りっぽいといった人物像も伝えられる。ざんねんな面も含めてさまざまな性格が入り混じる、人間らしさに溢れた男だったと言えないだろうか。

冒頭の歌を詠んだ当時、道長は53歳。権勢をほしいままにする一方、糖尿病を患って目も見えない状態だったという。

そもそも藤原一族は、糖尿病の家系だった。道長の伯父・伊尹《これただ》も長兄の道隆《みちたか》も糖尿病に悩まされ、若くして亡くなっている。前述のライバル、伊周も失脚して失意に暮れ、暴飲暴食の末に糖尿病で他界した。

道長も若くして体調不良に陥ったようで、32歳で不調の苦しみから大臣職を辞したいと申し出たが、その際は一条天皇が退官を思いとどまらせた。41歳のときには胸痛のあまり、物の怪が憑いたかのような叫びを上げ、以後2カ月で30回以上も発作を繰り返した。

糖尿病の症状が出始めた50代には、ついに出家し、快復を祈願して法成寺を建立するが、努力もむなしく62歳で病没した。道長があえてこの世を「望月」と詠んだのは、忍び寄る死の影を晴らさんと抵抗する心の表れだったのかもしれない。

平安貴族

在原業平《ありわらのなりひら》

禁断の恋で宮廷社会が震撼！

恋するアウトサイダー

3733人の女性と付き合った元祖プレイボーイ

人気のイケメン・アーティストが浮名を流すという話題は、今でもネットやワイドショーを賑わせる格好のスキャンダルである。そんなとき、必ず

PROFILE

平安時代初期の貴族にして歌人。父方から見れば平城《へいぜい》天皇の孫であり、母方からは桓武《かんむ》天皇の孫にあたるという、高貴な身分だが、父・阿保親王《あぼしんのう》の代に臣籍降下し、在原朝臣姓を名乗る。元慶4年（880）没。

形容するために持ち出されるのが、平安時代中期の恋愛小説『源氏物語』の主人公・光源氏だ。ところが光源氏が創作されるよりも150年ほど前に、3733人の女性と付き合ったという元祖プレイボーイと言うべき人物が実在する。

平安時代初期の825年に生まれた貴族、在原業平である。業平は、父方をたどれば平安京を開いた桓武天皇のひ孫、平城天皇の孫にあたり、『古今和歌集』の序文に記された六歌仙の一人にも数えられる歌人だ。菅原道真《すがわらのみちざね》らが編纂した『日本三代実録』の卒伝には、業平を指して「体貌閑麗、放縦不拘、略無才覚、善作倭歌」とある。これは、美男子で奔放、当時のエリートの基礎教養だった漢詩・漢文の学力はないが、まだサブカル的な位置付けだった和歌の才能はあった、というところだろう。この業平の華麗なる女性遍歴をつづったと考えられているのが、平安初期に成立した歌物語『伊勢物語』だ。そもそもはドキュメンタリー風に著されたフィクションである。

アバンチュールで高貴すぎる女性まで恋人に

業平が浮名を流した女性が3733人という話は、鎌倉時代に著された『伊勢物語』の注釈書『和歌知顕集《ちけんしゅう》』による。業平の生涯の恋愛対象は、幼馴染みの少女から人妻、老女、旅先の見知らぬ女、自分よりもはるかに身分の高い女性までと守備範囲が広い。絶世の美女と言われた小野小町《おののこまち》にも言い寄って撃沈する話もあるから節操がないのだ。

当時は、一夫多妻の「通い婚」の時代だったので、男が他の女性のところに出かけるのは、不謹慎なわけではない。アバンチュールもある意味、正当ではあるが、『伊勢物語』を読み解いていけば、業平の、あまりの自由人ぶりがよくわかる。

摂関政治で権力を意のままにした藤原氏の血縁で、将来は清和《せいわ》天皇に入内《じゅだい》させようと大切に育てられていた藤原高子《こうし》（通称・二条后）と恋愛関係に陥って駆け落ちしたり（しかも高子を背負って25㎞も逃げたという！）、伊勢神宮に巫女として奉仕した内親王・伊勢斎宮と密通（貴族にとっての超タブーだ）する話などが次々に登場するのである。

千年以上も語られるプレイボーイ伝説

生まれ育ちがよく、容姿端麗で多才。しかし、在原業平がモテた理由は、それだけではないだろう。業平の人気は、まず一人一人の女性を大事にして、相手がどんな立場であっても全身全霊を傾けて愛を貫こうとするところ。

もちろん、そんなことを実際にやってしまったから宮廷社会を震撼させる問題児になったのだが。業平は、大人の事情にお構いなしに恋愛に情熱をかたむけ、時の権力者に一泡吹かせるアウトサイダーでもあったのだ。たしかに、ちょっとカッコいい。

ところが業平は、849年、従五位下《じゅごいのげ》に昇叙したが、翌年、文徳《もんとく》天皇が即位すると昇進が停滞。これは明らかに、業平が生んだ天皇家との確執が原因だろう。しかも兄の行平《ゆきひら》も摂津国で蟄居《ちっきょ》を命じられている記録があるが、これも業平が原因ではないかと思えてならない。自分の快楽のために兄弟にまで迷惑をかけまくる奔放さは、まさにダメンズのルーツでもあるのだ。

しかし業平の奔放な行状は、56歳で亡くなった後も末永く語られ、紫式部の『源氏物語』や井原西鶴の『好色一代男』にも強い影響を与え、室町時代の能楽師・世《ぜ》阿弥《あみ》の謡曲にも引用されている。また江戸時代になっても「色事の寸暇があると歌を詠み」と詠まれるほどであった。

和歌に興味のない人でも、映画化もされた人気マンガ『ちはやふる』のタイトルが、業平が詠んだ小倉百人一首の撰歌「ちはやぶる 神代《かみよ》も聞かず 竜田川《たつたがは》 からくれなゐに 水くくるとは」に由来していると聞けば、その才能が不変であることがわかるだろう。なりふり構わない色恋への情熱と、類いまれな和歌の才能。現在でも、奈良県に所在する墓所に参拝する女性ファンは多い。プレイボーイ伝説は、千年以上も語り継がれているのである。

新皇

平《たいらの》将《まさ》門《かど》

京の七条河原が騒然!!

空飛ぶ生首のたたり神

関東独立を標榜した新リーダー「新皇」

日本の首都・東京の守護神が、菅原道真、崇徳《すとく》上皇と並んで歴史上ベスト3に数えられる「たたり神」であることを、ご存じだろうか。その強力無比

新皇やらせてもらってる
マサカドだ。
夜露死苦!

PROFILE

平安時代中期の関東で勢力をのばした豪族。「新皇《しんのう》」を名乗り、東国の独立を標榜したことで、朝敵として討伐されたが、首級は平安京で晒し首となったが、これは歴史上、最も古い獄門の記録である。940年没。

な神様こそ、平安中期の武将、自身を新皇と称して関東の独立を目指した平将門である。

9世紀終わり頃から10世紀初めに生まれたと考えられる将門は、桓武天皇の5世子孫という高貴な血筋で、15歳頃に領地の下総国《しもうさ》（現・千葉県、茨城県）から上洛し、有力者・藤原忠平《ただひら》に仕えたものの、出世が叶わず関東に戻ったというUターン組である。

当時の関東地方は、朝廷の厳しい徴税と徴兵に加え、937年に富士山が大噴火したことで民衆の困窮がいよいよ深刻化。そうした不穏な背景で、豪族たちは領地争いを繰り広げ、地元に戻った将門も、ときには争いの仲裁に入るなどリーダーシップを発揮して順調に勢力を伸ばしていた。ところが将門が、税の稲穀《とうこく》を収納した不動倉を破って追捕令が出ていた土豪・藤原玄明《はるあき》をかばい、常陸《ひたち》国府からの引き渡し要求を拒否したことで話は急展開する。この事件は争いに発展し、将門勢は国司の藤原維幾《これちよ》から、国府が朝廷の支配下にあるという印「印綬」を没収してしまうのだ。これが939年の「平将門の乱」の始まりで、以降、将門は京都の朝廷や朱雀天皇に対抗して「新皇」を自称し、関東独立を標榜。まさにアナーキー・イン・ザ・KT（関東）である。

笑い出し、飛んで行った将門の生首

武人としてのスキルは十分な将門だったが、時勢を見る目は甘かった。「新皇」の称号も、弟や小姓からは反対されていたのだが、側近の興世王《おきよおう》や、助けた藤原一族と考えられる玄茂《はるもち》にたきつけられる形で名乗ってしまったのである。一時は関東一円を支配した将門だったが、ついにはお尋ね者として追われることになってしまった。

もっとも将門自身は、東国を支配する「分国の王」程度のつもりだったようだが、これをクーデターと騒ぎ立て、逆臣として追討することになったのが、下野《しもつけ》国(現在の栃木県)の押領使《おうりょうし》であった藤原秀《ひで》郷《さと》と、長年にわたって敵対関係にあった従兄弟の平貞盛《さだもり》だった。

将門は、戦の最中、貞盛の妻を捕縛したこともあったのだが、かわいそうになって放免してしまっていた。だが生き馬の目を抜くような時代に、「優しさ」は命とりだった。

その甘さを突かれる形で、９４０年、戦闘の最中、額に流れ矢が命中して将門は落命。関東を支配したのは、わずか2カ月余りであった。ところが、ここから将門の本領が発揮される。

京都の七条河原にさらされた将門の首は、歯を食いしばり、いつまでも目を見開いていたという。歌人がその様子を見て歌を詠むと、地鳴りとともに稲妻が光り、笑い出した首が「躯《からだ》つけて一戦させん。俺の胴はどこだ」と叫びだした。そして光を曳きながら、胴体を求めて東の空へ飛んでいったというのだ。このとき首が飛んできたとされる伝承地は各地にあるが、なかでも有名なのが東京・大手町の「平将門の首塚」だ。

現在でも敬われている怖すぎる守り神

江戸・東京の「首塚」の霊験の威力は、１０００年以上も経った現在も続いている。たとえば、塚は関東大震災で損壊したが、跡地に大蔵省の仮庁舎を建てようとした際、工事関係者や大臣の不審死が頻発。また戦後、ＧＨＱの区画整理ではブルドーザー横転などの事故が起き、造成工事が中断されている……。もちろん、これは都市伝説の類なのだが、そうした噂話が現在でもまことしやかに囁かれ続けているのが、将門のすごさなのである。

将門は、東京、ひいては関東を霊的に守護する神様として、21世紀の今でも、尊崇と畏怖とともに信仰されているのはご存じの通り。

敵を呪って亡くなった貴人を、逆に神として祀るというのは日本特有の文化だ。先に紹介した菅原道真は、謀殺されたのち天満宮で学問の神様に、政争で島流しにされた崇徳上皇は、悪縁を断つことで有名な縁切り神社・安《やす》井《い》金《こん》比《ぴ》羅《ら》宮《ぐう》で祀られている。そもそも「たたり神」とされたのは、人が良かったばかりに政敵にダマされ、不本意ながら命を落としたリーダーばかりだ。

将門も、みんなの意見を聞こうとする公明正大さを逆利用されたのだから、「たたり神」になるのも致し方ないことだったのかもしれない。

臨済宗僧侶

一休宗純《いっきゅうそうじゅん》

とんち小坊主の正体は……
とにかくエロいはっちゃけ僧

PROFILE

室町時代の臨済宗大徳寺派の僧、詩人。宮中を追われた高貴な血筋の母を持ち、後小松《ごこまつ》天皇の落胤とする説がある。88歳で、マラリアにより死去。現在、墓所は、宮内庁が御廟所として管理している。

奇行を繰り返すアナーキー坊主

「一休さん」と言えば、昔話でも有名な、とんちが得意な小坊主で、1970年代後半に放映されたTVアニメは大ヒット（今でも中国では大人気作品

で、版権を得て2014年に劇場版新作が作られたほどだ)。

しかし、実は、このとんち小坊主のイメージは、江戸時代前半に刊行された仮名草子『一休咄《いっきゅうばなし》』を元にした創作。その序文には、一休が書いた漢詩集『狂雲集《きょううんしゅう》』を俗解したとあるが、内容的には、ほとんど関係のない笑い話である。では、実際の一休は、どんな人物だったのだろうか。彼が生まれた室町時代は、官寺の高僧は山内に安居する純粋禅の修行を忘れ、堺の町衆や豪商と交わって酒宴を催し、中には、酒の醸造権などで収入を増やして、高利貸しを営む寺院さえもあった。いわゆる生臭《なまぐさ》坊主である。

その時代にあって、後小松天皇の落胤とも言われた一休は、88歳の生涯のほとんどを、地方で百姓や町人に接して暮らし、自ら「狂雲子《きょううんし》」と名乗って奇行を繰り返すという、かなり変わったお坊さんだったようだ。

一休は、6歳のとき、足利尊氏《あしかがたかうじ》が建立した安国寺《あんこくじ》に入り、周建《しゅうけん》と名付けられ出家。その文学的な才覚は優れたもので、少年時代に創った漢詩「長門春草」「春衣宿花」は、洛中の評判となったという。当時、寺社は官制化されることで権力を保っていたが、それに加わらない謙翁宗為《けんおうそうい》の禅風を慕って西金《さいこん》寺《じ》に移り、修行にいそしむのだった。

飲酒、肉食や女犯《にょぼん》はあたりまえだが……

宗為の死後、大徳寺の高僧・華叟宗曇《かそうそうどん》と出会い、25歳の頃、一休の道号を授かって27歳で悟りを開いたという。その後、詩や狂歌、書画と、風狂の生活を送った一休の、名利を否定し偽善をよしとしない人間臭い生き方は、都でも風変わりな僧として話題になっていく。

実子の弟子・岐翁紹禎《ぎおうしょうてい》を従え、誰はばかることなく、飲酒、肉食や女犯を行うのはあたりまえ、大徳寺で営まれた法要でも、1人だけボロ衣をまとい、草履も破れ、頭もきれいに剃っていない姿。訳を問うた華叟《かそう》に「外見を飾っても、よい僧だとは言えない」と答えたというから、かなりパンクでヒッピーなお坊さんだったのだ。

外見だけが立派でも中身がなければ役に立たないことを風刺するため、木製の大太刀を朱の鞘《さや》に入れて腰に差すという格好でうろついたり、正月の都の大路で髑髏《どくろ》を竹の先にのせて闊歩するパフォーマンスは、庶民の間でも話題になり、人気が高まっていったようだ。

もちろん、頼まれれば葬式にも出向いて、「あらゆるものは生死を繰り返し、永久不変のものは一切ない」という仏教の教え「無常迅速」をわかりやすい言葉で説いたくれたらしい。

70歳を過ぎて超ワイセツ有害漢詩を創作！

一休が40代の頃は、関東や九州、伊勢で戦が続いて土民一揆が各地で起き、京都は強盗、人殺しが多発する荒れた時代であった。同じ頃、大徳寺開山の大燈《だいとう》国師の100年回忌が催されたが、女連れで現れた一休は、豪華な法要に列席する衆僧に呆れ、早々と隣寺の一室にしけ込んだという逸話も残っている。また77歳のとき、盲目の遊芸人《ゆうげいにん》・森侍者《しんじしゃ》を恋人にし、「美人陰有水仙花香」、つまり「美人のアソコは水仙のような甘い香りがする」という漢詩を書いたりと、エロパワー全開であった。

ところが、この放蕩三昧の一休の本質を見抜いている者もいた。81歳のとき、敬虔な仏教徒、後土御門《ごつちみかど》天皇の勅命により、一休は大徳寺の住持《じゅうじ》に任ぜられたのである。その寺には住まなかったものの、再興に尽力。天皇と親交を持ち、民衆にも慕われたという。

一休は88歳でマラリアによって死去する。まったく自分流を貫いた生き方であったが、彼の、民衆のために祈った飾り気のない仏道は、その後も前述の『一休咄』や講談となって、現在まで語り継がれることになる。また晩年に愛した森侍者が深く一休を愛していたことは、没後の十三回忌、三十三回忌の法要に自ら大徳寺に参詣し、格差のある身分でありながら大金の布施をなしたと記録に残っていることからもわかる。

一休は、単なるエロじじいではなく、深い愛の人であったのだ。臨終に際し「死にとうない」と述べたと伝わっているが、これもまたユーモラスで、まったく人間臭い最期ではないか。

政治家

伊藤博文《いとうひろぶみ》

PROFILE

長州藩出身。新政権樹立後は、初代、第5代、第7代、第10代の内閣総理大臣を歴任。一般国民を政治に参加させることを主張した政治的功績は大きい。1909年、朝鮮民族主義活動家に暗殺された。

とにかく悪かった女グセ

美人局《つつもたせ》被害に遭った初代総理大臣

新聞ネタにもなってしまうほど遊びまくり

オジサン世代なら、昔の千円札に描かれた人物として記憶しているのが伊藤博文である。初代内閣総理大臣として、文明開化の政治を行った伊藤の功

績は大きいのは周知の通りだが、とんでもない女好きとしても知られていたのだ。

15歳で長州藩の私塾、松下村塾に学んだ伊藤は、22歳のとき、近代国家建設の要となる西洋の知識を学ぶため、国禁を犯して渡英する。この、わが国最初の西洋留学が大きな転機になり、新政府が樹立されてからは、参議兼工部卿、初代兵庫県知事（官選）、そして立憲政友会を結成し初代総裁となるのである。

松下村塾の師・吉田松陰は、若き日の伊藤を「才覚は劣るが勉強熱心、快活で人から好かれる性格」と評し、交渉能力が上手《うま》い能吏《のうり》になるかもしれないと見ていたが、たしかに帰国後の伊藤は頭角を現し、日本のトップに立って政治を動かした。伊藤の留学は半年だったが、後の駐日イギリス公使館書記官も、彼にはすぐに外国人と仲良くなれる才能があったと述べている。

これだけを聞くと、伊藤はモダンな理念を護持しながら、誰にでも気さくに接するコミュニケーション能力の高いインテリ政治家にも思えるのだが、実は、新聞ネタにもなってしまうほどのプレイボーイ。遊び相手が掃いて捨てるほどいることから「箒《ほうき》」とあだ名された伊藤は、欧化主義の推進者として舞踏会や夜会を連日催してナンパに精を出し、遊郭にも通い詰めていたのだ。

尊敬する人物は「おかかくらいのもの」

伊藤は、16歳で水揚げした芸者を、憲法草案の検討作業をする夏島の別荘に同伴するなど寵愛した。彼女は、その後、新派演劇の川上音二郎《かわかみおとじろう》の妻となった、日本の舞台女優第1号「貞奴《さだやっこ》」である。

あるときには、吉原からの帰り際、見送りに出てきたおきんという芸者を見初め、そのまま馬車に連れ込んで、翌朝までコトにいたったというから精力絶倫だ。一説には、これが日本初の「カーセックス」らしいから、なんとも下世話な初代である。

若い芸者から未亡人まで、遊び相手の数は知れず、いつも両側に女を置いて寝ていたとされる伊藤。あるときは、若い芸者を自宅の滄浪閣《そうろうかく》に連れ帰り、梅子夫人に引き合わせすらしたのだから、女グセの悪いのは公認だったようだ。その夫人も、芸者が帰るときには「ご苦労でしたね」とねぎらい、お土産を持たせたというから肝が据わっている。後年、伊藤は、臣下の中で尊敬する人物はと問われ、「おかかくらいのものじゃ」と夫人の名を挙げたと伝えられる。また、1876年から東京医学校（現・東京大学医学部）でドイツ医学を教え、伊藤博文と親交のあった医師エルヴィン・フォン・ベルツにも、「日々の面倒な政務を終えた後、頭がガンガンするとき、しゃちほこ張った召使いより、綺麗な芸者の手が傾ける晩酌は、はるかに美味い」と語ったという。

いつかは遭うと思った、美人局被害

とはいえ、度が過ぎた女遊びは「英雄、色を好む」なんて笑い話で済まされないこともあった。華族・戸田氏共《とだうじたか》伯爵の妻で、「鹿鳴館の華」といわれた戸田極子《きわこ》が官邸で開催された仮装舞踏会に出席した際、伊藤によって別室に連れ込まれたとする暴行疑惑が報道されたのである。

もっともこれは、対立する政党の系列であった新聞社が政権揺さぶりを狙った報道のようだが

（130年以上前から、この手のねつ造事件があったのだ！）、史料で確かめられるところでは、もともと伊藤は戸田伯爵夫人と不倫関係にあったらしいので、自業自得だろう。

それだけではない。伊藤が活躍したのと同時代、「雷お新」を名乗る盗賊の女首領が悪名を馳せていた。お新は、美貌をエサに金持ちを誘惑し、宿に連れ込まれたところで正体を明かし、全身に彫った入れ墨を見せて凄んで金銭を要求する強請《ゆす》りの手口を繰り返していた。伊藤も、このお新の被害に遭ったと噂されている。さすがの伊藤も、これには逃げ出したのかも。

前述したベルツ医師は「伊藤博文こそ、この国で比肩する者のない最大の政治家」と評している。しかし、時代が時代とはいえ、女性スキャンダルまみれの行動は、今なら即刻、政権交代につながってしまうだろう。呆れた明治天皇からも「偉くなったんだから、慎んだらどうか」と叱られたというのだから、伊藤の女遊びは本物だったのだ。

啓豪思想家

福《ふく》澤《ざわ》諭《ゆ》吉《きち》

PROFILE

思想家で教育者。慶應義塾（現・慶應義塾大学）創立者。1860年「咸臨丸」で渡米、ヨーロッパ諸国も歴訪し、当時の日本人に西洋文明の精神を伝え、近代化に大きな足跡を残した。1901年没。

ビールは酒にあらず 朝も昼も飲んだくれ

ハンパなく飲むが「品のよい大酒飲み」を自称

現行の一万円札に肖像が描かれている福澤諭吉は、武士階級出身の啓蒙思想家である。「天は人の上に人を造らず人の下に人を造らずといへり」との一

節が有名な『学問のすゝめ』は、日本人ならば誰でも知っている福澤の著作だ。

明治初期は、階級社会を規範とした儒教的価値観が日本人の常識であったが、それを一気に覆し、民主主義国家へと意識改革しようとしたのが福澤である。

福澤は、思想において、まさに革命的と言える人物だが、そのほかの日常生活においても、常識にとらわれない奔放な性格であったようだ。

たとえば食生活。福澤は子どもの頃から、親の言いつけをきく代わりに、お酒をねだっていたという筋金入りの飲《の》ん兵衛《べえ》だった。19歳で長崎へ遊学したのち、大坂の緒方洪庵《おがたこうあん》の適塾《てきじゅく》で蘭学を学び、その後、江戸へ出て中津藩中屋敷に居を構え、蘭学塾（慶應義塾の基礎）を開く。この頃も「勉強のかたわら飲むことを第一の楽しみ」にしていたと自伝で堂々と語っている。

福澤は、当時の自分を、「牛飲馬食とも言うべき男」と振り返っているから、よほど暴飲暴食に明け暮れていたのだろう。ただし、飲んで乱れることを嫌い、自らを「品のよい大酒飲み」と称していた。ただし飲むと声が大きくなり、人の2倍も3倍も飲んで「天下に敵なし」と得意がっていたという。ひとまず明るい酔っ払いではあったようだ。

元祖グルメリポーターの「食肉のすゝめ」

福澤は、食への興味・欲求も旺盛。大坂の適塾時代から、解剖の研究では、「豚の頭を貰って来て、奥から鉈《なた》を借りて来て、まず解剖的に脳だの眼だのよくよく調べて、散々いじくったあと煮て食った」

という。江戸時代、肉食は表向きには禁止されていたが、明治時代には政府が肉食を推奨しており、東京や横浜などで牛肉食が大流行していた。福澤はその先駆者であり、牛肉販売会社「牛馬会社」の求めに応じて啓蒙書『肉食之説《にくじきのせつ》』も発刊しているのだから、まさに元祖グルメ評論家なのだ。「今我国民肉食を欠いて不養生を為し、其生力を落す者すくなからず。即ち一国の損亡なり」、つまり肉を食べずに体力を落とすのは国家の損失であるというのだから、「食肉のすゝめ」も、かなり本気である。

福澤の洋食への興味は、これにとどまらない。晩年に友人に出した手紙には、毎朝食のメニューとして、「食前に牛乳に紅茶かコツヒー（コーヒー）を加へ、パンにバタあれば最妙なり」と書いているのだから、現代人並みのモダンな食生活である。

幸いだったのは、福澤は、子どもの頃からの習慣で、日に3度の食事の他には滅多に物を食べなかったということ。酒と同じペースで、四六時中、栄養価の高いものを食べていたら、瞬く間に成人病になっていたはずだ。

医師に「以前の飲酒量では助からなかった」と言われ節酒

飲酒に関しては、32歳から33歳の頃、「これでは寿命を全うすることができない」と、禁酒は無理でも量を少しずつ減らしていこうと思い立ったらしい。その後、自分の「口と心と相反して喧嘩をする」ような苦しみを味わいながら3年かけて、朝酒、昼酒、客の接待酒をやめ、晩酌の減量をする程度にしたが、それでも普通の人が飲む量に近づいただけだった。

福澤は他にも、早朝に6㎞の散歩、その後に武術の稽古。薪を割ったり米をついたりする力仕事も、毎日、欠かさず行って摂生に努めたという。その節酒が正解だったことは、この数年後にわかる。37歳のときに熱病にかかり、一命をとりとめるのだが、そのとき、友人の医師に「節酒の賜物で助かった」と言われたという。

さすがの福澤も反省したようで、酒を断つ努力をすることに。そしてついに「酒欲を征伐して勝利を得た」と宣言するにいたるのだが、大好きなビールだけはやめられなかったらしい。そこで出た名言、いや迷言が「ビールは酒にあらず」。こうなると完全に酔っ払いの開き直りである。「其味至て苦けれど、胸膈《きょうかく》を開く為に妙なり」と著書にも書く福澤は大のビール党だったようで、結局、ビールだけはやめられず、毎日のように飲んでいたという。

メタボや痛風におびえる現代の酒飲み諸氏を勇気づけるという意味では、確かに偉人である。

総理大臣

黒《くろ》田《だ》清《きよ》隆《たか》

PROFILE

第2代内閣総理大臣を務めた明治の政治家。薩摩藩の下級武士の家に生まれ、西郷隆盛、大久保利通らとともに明治維新に尽力。戊辰戦争、西南戦争などに参加した後、北海道開拓長官をはじめ、閣僚を歴任した。

豪快すぎる酒乱男の波乱万丈な生き様！

2代目総理大臣は妻殺しの殺人犯!?

妻の死で囁《ささや》かれた殺害疑惑

政治家にスキャンダルはつきもの。私たちの日々の生活のあり方や国の行く末を決める力を持つからこそ、言動のひとつひとつに注目が集まる。だが、

政治家だって人間だ。ときには失敗をすることもある。それがスキャンダルとして騒がれるわけで、裏を返せば、スキャンダルの克服こそ、政治家が大成する条件と言えるのかもしれない。

近現代の日本の歴史を振り返っても、そんな政治家は何人も思い浮かぶが、極めつきが黒田清隆だ。なんとこの黒田、一時は妻の殺害疑惑が持ち上がりながらも、総理大臣にまで上り詰めたのだ。

事の発端は1878年。北海道開拓長官を務めていた黒田の妻が亡くなる。すると途端に、「実は、女性関係を妻から責められた黒田が酒に酔って逆上し、日本刀で斬り殺したのだ」という噂が流れ始めた。これを新聞が報じたことで単なる噂話では済まなくなり、同じ薩摩出身で旧知の仲だった明治政府の重鎮・大久保利通の指示で、夫人の墓を掘り返して遺体の調査が行われることに。その結果、病死と結論づけられたものの、事はこれだけで終わらなかった。

それから2カ月後、調査を指示した大久保が暗殺されたのだ。大久保の死は明治維新に不満を抱く士族らの犯行とされているが、黒田の妻殺しをもみ消したこともその理由の1つだったのではないかと伝えられている。

泥酔して民家に大砲をぶっ放し、死者を出す大惨事に

薩摩藩の下級武士の家に生まれ、大久保はもちろん、西郷隆盛とも親交のあった黒田は、明治維新に尽力し、新政府の中枢でも活躍したが、「酒癖が悪い」という大きな欠点があった。そのため、この事件以前にも問題を起こしている。

妻の死に先立つこと2年の1876年7月。自ら札幌農学校の教頭に招いたクラーク博士(「少年よ、大志を抱け」の名言で有名)と一緒に軍艦に乗っていた黒田は、些細なことから博士と口論に。その後、酔っ払って勢いがついたのか、憂さ晴らしのため、陸地に向けて大砲をぶっ放すという暴挙に出たのだ。元々、西洋砲術に精通し、箱館戦争では官軍を率いて五稜郭を攻めるなど、大砲には自信のあった黒田。当然、被害の出ない場所を狙った…はずだったが、泥酔していたため照準を誤り、発射された砲弾が民家を直撃。住人が死亡する惨事に。現代であればSNSで大炎上、失脚間違いなしの大事件だが、このときは遺族に示談金を払うだけで事なきを得た。

このように、既に酒で問題を起こしていた黒田だけに、妻殺しの疑惑が持ち上がったのも当然と言うべきか。とはいえ、政治家としては有能だったらしく、1887年に初代内閣総理大臣・伊藤博文の下で農商務大臣になると、1888年には第2代内閣総理大臣に就任する。妻殺し疑惑から10年後のことだった。また、1889年の大日本帝国憲法発布は、黒田内閣の下で行われている。

敵将・榎本武揚との交友関係に垣間見る人間的魅力

殺人疑惑から総理大臣へ。明治維新から150年を迎え、歴代内閣の数も100近い数に上るが、黒田ほどのスキャンダルを乗り越えた人物はいないだろう。見方を変えれば、黒田がそのスキャンダルを補って余りある魅力を備えていたとも言える。

首相就任から遡ること約20年、明治維新直後の戊辰戦争でのこと。官軍を率いて旧幕府軍が立てこもる箱館の五稜郭を包囲した黒田は、敵の指揮官・榎本武揚に降伏を勧告する。榎本はこれを拒否したものの、その才能と人柄を惜しんだ黒田は懸命に説得。その黒田の気持ちに打たれた榎本は、ようやく降伏に応じて戦闘を終結させた。この後、榎本は投獄されたものの、福澤諭吉《ふくざわゆきち》らとともに黒田が助命に尽力した結果、死刑を免れることに。やがて出獄した榎本は、黒田内閣ほかで大臣を歴任するなど、旧幕府勢力のなかでは異例の活躍を見せ、明治政府に貢献した。さらに、1899年には黒田の娘と榎本の息子が結婚。黒田が亡くなったときは、榎本が葬儀委員長を務めるなど、2人の交流は晩年まで続いた。人情に厚い黒田の人柄が伝わってくるエピソードではないだろうか。

　政治家として有能で、人情にも厚い。そんな人物だからこそ、かえって唯一の欠点である酒癖の悪さ（しかも、過去に大問題を引き起こしている）に注目が集まり、妻殺しの疑惑が生まれた…。黒田の生涯を俯瞰してみると、そんなふうに思えてはこないだろうか。

大蔵大臣

高橋是清《たかはしこれきよ》

PROFILE

第20代内閣総理大臣だが、何度も日本の金融危機を救った大蔵大臣のときの評価が高い。留学経験があり、海外事情に精通した実力者だったが、1936年、軍事費拡張に反対したことで暗殺される。

帰国してからは一文無し!?

アメリカで1年間奴隷ぐらし!?

「七転び八起き」すぎる波乱の人生を送った男

高橋是清は、山本、原、犬養《いぬかい》内閣などで6回も大蔵大臣を任せられ、何度も世界的な経済恐慌を乗り越えた実力派だ。そして第20代内閣総理大臣を務

めた人物でもある。

1927年の金融恐慌では、田中内閣の蔵相として積極的な財政政策を行い、鎮静化に成功。しかし、インテリでも有識者でもない高橋はいたって無欲な人柄で、一般大衆にもまるまると太った風貌とひげ面から「ダルマ宰相」と呼ばれて親しまれた政治家であった。この高橋の実務能力や判断力は、学問の机上の知識ではなく、「七転び八起き」とも言われる人生の実体験に基づいている。いや、七転びどころか、あまりにも波乱万丈すぎる人なのだ。

仙台藩士の高橋是忠の養子であった高橋は、10歳のとき、横浜のアメリカ人医師ヘボンのヘボン塾（現明治学院大学）で英語を学ぶ。その後、1867年、藩命により、勝海舟の息子・小鹿《ころく》らとアメリカに留学するのだが、このとき、高橋は、横浜に滞在していたアメリカ人の貿易商ユージン・ヴァン・リードの仲介により、彼のサンフランシスコの実家にホームステイすることになっていた。

ところが順風満帆なのは、ここまで。13歳の高橋少年は、現実の怖さを知ることになる。

奴隷扱いに続いて、日本では逆賊扱いに

海外で高橋の面倒を見るはずだった貿易商ヴァン・リードは、とんだ食わせ者だった。なんと、高橋の学費や渡航費を着服。預けられたヴァン・リード家では、そのうち学校にも通うことができなくなり、家の料理番や使い走りをさせられるようになる。高橋も、さすがに「何かやばい!」と感じたのだろう。これでは約束が違うと、働くことを拒否したが、ヴァン・リード老夫妻はオークランドに住

む富豪のブラウン家に住んでみたらどうかと持ち掛ける。このとき、高橋は引っ越しのためと言われ、一通の書類にサインをするのだが、これもまた詐欺であった。なんと書類は、50ドルと引き換えに、3年間、高橋を召使にするという、事実上の身売り契約書。その金は、まんまとヴァン・リード老夫妻が受け取っていたのである。

もちろん高橋がそれに気づくのは、牧童やブドウ園で奴隷同然の生活を強いられてからである。さすがに少年の能力での解決は不可能だったため、高橋はサンフランシスコの日本領事を委嘱されていたC・W・ブルークスに訴えることで契約は破棄となり、ようやく日本に帰国するのである。高橋が帰国を焦った理由の1つに、日本で起きていた戊辰戦争があった。案の定、帰国時に仙台藩は賊軍となっており、高橋も潜伏を余儀なくされるわけだが、ローティーンなのに、アメリカでの奴隷扱い、日本での逆賊扱いというのもハチャメチャな人生である。だが、青年期以降の波乱もすごいのだ。

ペルーの銀山開発でだまされて無一文に

高橋は、こうした苦労の後、16歳で開成学校（現在の東京大学）の教官助手に登用されるが、もともとが豪快な性格だったのだろう。17歳での英語教師時代に芸妓遊びを覚え、放蕩三昧を重ねてついには辞任。無職になって生活に困り、ヒモのようになって芸者のお付きである箱屋まで経験している。もっとも、さすがに英語の実力は認められていたので、ほどなく政府に呼ばれて文部省や農商務省に勤めることに。ところが農商務省を辞して、ペルーに渡航。銀山開発に投資するが、これもまた詐欺まがいの儲け話であった。36歳の高橋は全財産を売却して借金を返済、破産してしまうのだ。

投資話は、農商務省次官からすすめられたものだったため、その埋め合わせとして県知事や郡長などにも推されたが、高橋は断っている。衣食に困っている状態では、上司の言うことが間違っていても、異議を申し立てることができないから、という理由だ。なんと武骨な官僚だろう。しかし、捨てる神あれば拾う神ありで、こうした逆境に負けない、忍耐強く真摯な行動が評価されて、横浜正金銀行頭取や日本銀行総裁に登用され、続いて60歳で政界入りして、政治の舵取り役となるのだ。

いわば奴隷同然の立場から、大学の先生、無一文を経て総理大臣にまで上り詰めた高橋は、世の中の裏と表、経済の明暗を知り尽くした人物であった。しかし、1936年、軍事費の拡張要求に強く抵抗した高橋は、二・二六事件で青年将校に暗殺されてしまうのである。

最後の最後まで、波乱万丈の人生だった。

歌人

石《いし》川《かわ》啄《たく》木《ぼく》

PROFILE

明治に活躍した詩人・歌人。中学を退学し、文学を志すが、挫折を繰り返して各地を流浪。歌集『一握の砂』を出版し注目を浴びるが、生前は世に認められることがなく、窮乏の生活を続け、26歳で波乱に富む生涯を閉じた。

天才がゆえに送った現実逃避の日々
結婚式に現れないダメンズ歌人

カンニングがバレたために落第が決定

石川啄木と言えば、『一握の砂』で知られる、日本を代表する歌人である。東北からの鉄道の玄関口、上野駅構内に設置された歌碑を、ご存じの方も多

いはず。岩手県で住職の父を持ち、中学時代から文学を志した啄木は、16歳のとき、文芸雑誌『明星』に投稿した短歌が掲載され、いったんは上京するものの、出版社への就職がうまくいかずに帰郷。貧苦にさいなまれながら創作活動を続け、26歳で病死するという不遇な人生を送った若き天才——そんなイメージがあるのだが、実は、プライドが高く、お金の面でもルーズすぎる元祖ダメンズな人物だったのである。

そもそも上京したのは、初恋に夢中になりすぎて学業がおろそかになった上、カンニングが2回連続でバレたため落第が決定し、自主退学をしたからなのだ。本人からしたら『明星』で注目されたから東京に行けば何とかなる……という甘い目論見もあったのだろうが、世は、そううまくはいかない。与謝野鉄幹《よさのてっかん》夫妻の知遇を得たが、仕事は見つからず、結核の発病もあって下宿の家賃を滞納。4カ月ほどで、追い出されて帰郷したのだ。

もっとも、同じ年に『明星』に発表した長詩「愁調《しゅうちょう》」が歌壇で注目されているのだから、実力があったのは間違いないのだが。

結婚式をすっぽかし、どんちゃん騒ぎ

啄木のダメンズぶりは、19歳のとき、中学時代の同級生・節子との結婚式で露わになる。その頃、啄木は処女詩集『あこがれ』を刊行するため再び上京していたのだが、住職の父が金銭トラブルで住職を罷免されており、一家の大黒柱にならざるを得なかったというプレッシャーがあったのだろうか。

結婚式のために帰郷する列車を、途中の仙台駅で降りてしまうのである。

啄木はその足で、仙台在住だった「荒城の月」の作詞者で英文学者でもある土井晩翠《どいばんすい》を訪ねる。後輩詩人の来訪を快く出迎えた晩翠であったが、啄木のこの後の行動がヒドイ。旅館に帰ると、晩翠に、母が病気で重態だと妹が知らせてきたので15円を貸してほしいとの手紙を届けたのだ。しかも、筆跡を変えたニセの「妹の手紙」まで添えてである。この手紙にダマされた晩翠夫人は15円を持って宿屋に駆けつけるが、そこで見たのは、啄木が、大酒を飲んでいる光景だったという。

まんまと15円をせしめた啄木は酒を飲んで騒ぐ日々を過ごし、結婚式の5日後に、何食わぬ顔をして故郷に帰ったのだった（もちろん、宿代も晩翠が支払わせられた！）。

花嫁衣装を身にまといながら待ちぼうけを食わされた節子。式に集まった友人たちは、無責任な啄木の行動に怒り狂い、破談にすべきと進言するが、節子は後日、友人にあてた手紙に「私はあくまで愛の永遠性を信じています」と書いたというから見上げたもの……というか、甘やかしすぎの感もないではない。

ぢっと手を見る前に、マジメに暮らせば……

その後、心機一転を図って北海道に渡った啄木は職を転々とするが、文学の夢を捨てきれず、家族を残して再び上京。しかし悪い癖は直らず、友人知人から借金を重ね、酒や女性につぎ込んでしまう生活を続ける。自身の記録によれば、親友の金田一京助《きんだいちきょうすけ》をはじめ、全63人から合計1372円50銭（現在で言えば１５００万円以上）の借金をしていたようだ。にもかかわらず、「一度でも我に頭を下げさせし人みな死ねと　いのりてしこと」と詠んでみたり、友人に送った手紙で、自分が世話になった与謝野鉄幹などを「時代おくれの幻滅作家」と酷評するなど、裏表のある傲慢不遜な性格であった。

　この頃、収入を得るために短歌の添削指導を行っていたが、依頼人の平山良子から送られた写真に一目惚れ。熱烈なラブレターを書いているが、実は彼女は男性で、今でいうネカマだったというオチまでついているのだから、ダメンズぶり全開である。

　ようやく家族を東京に呼び寄せ暮らし始めた啄木だったが、約3年後に、腹膜炎と肺結核によって死去。「はたらけどはたらけど　猶わが生活《くらし》楽にならざりぢつと手を見る」は有名な短歌だが、もっとまともに暮らしていれば、その才能に光が当たるのも早かったのかもしれない。第二歌集『悲しき玩具』が出版され、評判を得るのは死後のことであった。

番組紹介

歴史好きが、歴史を熱く語る、歴史エンターテインメント番組。教科書的な歴史ではなく、歴史に“妄想の翼”を広げ、おもしろく、楽しく、歴史を語っていきます。

放送日時　NHKラジオ第一 毎週日曜午後4時05分～55分

メインパーソナリティーは、歴史好きで知られるタレントの松村邦洋さんと、2008年に最年少で江戸歴史文化検定1級に合格したお江戸のアイドル＝お江戸ルほーりーこと、堀口茉純さん。お2人の熱いトークを、中学校社会科の教員免許を持つ、日本史に詳しい〝くぼてぃ〟こと川久保秀一さんがＤＪとしてリードしていきます。

番組では毎回テーマを設定し、メールで寄せられたリスナーのみなさんからの声（うんちく?）を紹介しつつ進行。歴史上の人物の意外な素顔を、まるで近所のおじさん、おばさんのことを話すように語っていきます。また、月に一度、毎月最初の日曜日には、パーソナリティのお2人が印象に残っている人物についてとことん語る企画「気

作画・堀口茉純

パーソナリティー

松村邦洋（まつむら・くにひろ）さん

昭和42年（1967）生まれ、山口県出身。大学生のとき、ものまねの才能を片岡鶴太郎さんに見出されて芸能界入りし、テレビ・ラジオで人気者に。歴史に興味を持つようになったきっかけは、小学生の頃に見たNHKの大河ドラマ。以来、大の歴史好きとなり、高校にはなぜか4年間も通ってしまうことになったが、それでも日本史の成績だけは抜群だったとか。いにしえの英雄・偉人が活躍した全国の史跡をめぐり歩くのが趣味。好きな時代は鎌倉時代。

堀口茉純（ほりぐち・ますみ）さん

昭和58年（1983）生まれ、東京都出身。愛称は「ほーりー」。子どもの頃から時代劇に親しんで歴史好きとなり、小学校4年生のときの初恋の相手は、なんと新撰組の沖田総司だったとか。25歳のとき江戸文化歴史検定に最年少で合格。それ以降、自称お江戸のアイドル＝「お江戸ル」としてテレビやラジオを通して江戸文化の水先案内人を務め、歴史作家としても活動。日本の歴史の魅力を発信し続けている。

DJ

川久保秀一（かわくぼ・ひでかず）さん

昭和47（1972）年生まれ、東京都出身。平成7（1995）年、「TWO of US」というデュオでミュージシャンとしてデビュー。以降、音楽活動の一方でディスクジョッキーとして多くのラジオ番組を担当。日本史が大好きで、大学時代には中学校の社会科教員の免許を取得。DJ日本史では4代目のDJとして、松村さんと堀口さんの熱い歴史トークをリードしている。

になる人物伝」をお届けします。

ほかにも、大河ドラマに関する話題をたっぷりお伝えしたり、ご当地の歴史について取り上げる地方の公開収録にも取り組んでいます。

毎週日曜日の夕方、50分間にわたってお届けする歴史トーク、お楽しみください！

Book Staff

編集　株式会社 G.B.
イラスト　栗生ゑゐこ
デザイン　山口喜秀（Q.design）
DTP　徳本育民（G.B.Design House）
協力　赤木麻里、井上健一、広岡歩、幕田けいた、米良厚

NHK『DJ日本史』
ざんねんな日本史偉人伝

2018年7月 6 日　第1刷発行
2020年5月29日　第2刷発行

協力　NHK『DJ日本史』制作班

発行人　蓮見清一
発行所　株式会社宝島社
〒102-8388
東京都千代田区一番町25番地
電話　営業 03-3234-4621
編集 03-3239-0926
https://tkj.jp

印刷・製本　株式会社 光邦

ISBN 978-4-8002-8485-3